劉夢溪

切問而近思

劉夢溪學術訪談錄

責任編輯　李　斌

書籍設計　吳丹娜

書　　名　切問而近思——劉夢溪學術訪談錄

著　　者　劉夢溪

出　　版　三聯書店（香港）有限公司

香港北角英皇道 499 號北角工業大廈 20 樓

Joint Publishing (H.K.) Co., Ltd.

20/F., North Point Industrial Building,

499 King's Road, North Point, Hong Kong

香港發行　香港聯合書刊物流有限公司

香港新界大埔汀麗路 36 號 3 字樓

印　　刷　美雅印刷製本有限公司

香港九龍觀塘榮業街 6 號 4 樓 A 室

版　　次　2016 年 12 月香港第一版第一次印刷

規　　格　特 16 開（150 × 210 mm）336 面

國際書號　ISBN 978-962-04-4064-9

目錄

序言

　　記得差不多三十年前，第一次讀到余英時先生的《近代紅學的發展與紅學革命》和《紅樓夢的兩個世界》兩篇論著，不啻舊友重逢，盛夏飲冰，大有「驀然一曲來天地」之感。但是誰能想到十年後的 1992 年，我們竟然見面了，而且是在他的母校哈佛大學。我應邀參加「文化中國：理念與詮釋」國際學術研討會，英時先生到哈佛出席另一會議，兩會交錯期間，我們有了晤面的機緣。而且見面的當天，我們從晚上 11 點一直談到次日凌晨 5 點。古人所謂「竟夕之談」，即謂此也。隨後應英時先生的邀請，我們一起乘火車從波士頓到普林斯頓大學，又幾乎談了三天三夜。古人所謂「談講之樂」，充分領略到了。英時先生也格外高興，他在我離開普大寫給我的送行詩的跋語裏寫道：「夢溪道兄遠道過訪，論學評文，三年來未有此樂。」本書所收的第一篇訪談對話《為了文化與社會的重建》，就是當時我們快意談講的簡要記錄。

　　英時先生的學術地位不待我言，早在上世紀八十年代初，錢鍾書先生就許之為「海外獨步」。進入二十一世紀以來，他凌雲健筆，紛陳勝義，著述不輟，而尤以 2003 年出版的《朱熹

的歷史世界》獨佔文化史學一科的鼇頭。不久前榮獲克盧格終身成就獎，在英時先生可以說是實至名歸，順理成章之事。英時先生的著作，曾在內地一度暢通無阻，暢銷不滯。各大書店的顯要位置都擺放著三聯書店等多家出版社印行的余著，甚至小販的書攤也有他的書赫然入目。

　　他只在 1978 年回大陸一次，但即便一次，也還是誘發了他深切的中國情懷。他寫道：

　　　　一九七八年十月我第一次回到中國大陸，離開出國的時間已整整二十九年了。從東京飛北京那幾個小時，心情真是有說不出的激動。那正是我的「中國的情懷」全幅流露的時刻。（《文化評論與中國情懷》，臺北允晨公司，1980，頁 376）

　　他並且引錄周亮工《因樹屋書影》裏記載的一則佛經故事：「昔有鸚鵡飛集陀山，乃山中大火，鸚鵡遙見，入水濡羽，飛而灑之，天神言：『爾雖有志意，何足云也？』對曰：『常僑居是山，不忍見耳！』天神嘉感，即為滅火。」他雖有「常僑居是山，不忍見耳」的感慨，中國情懷「不但未曾稍減，似乎反而與日俱增」。他說：「正因為如此，我才不能忘情於故國，而往往以世外閒人，與人話國事，說些於己無益又極討人嫌的

廢話。」（同前，頁 379）這與我們內地學人有時說的「不說白不說，說了也白說，白說也要說」，不是詞達一理、心發一聲嗎？所以說者，為我有心，心既不死，其說焉止。

2006 年 12 月 15 日他在接受美國國會圖書館「克盧格人文與社會科學終身成就獎」的演說中，通篇講的是一生追索中國歷史文化的心路歷程，而且不忘宣示對中國文化的認同。我見到的英時先生，其內心世界極為單純，惜時人不知耳。

和杜維明先生的第一次訪談也是 1992 年在哈佛，當「文化中國」研討會結束之後，我們談了大半個下午，嗣後寫成《「文化中國」與儒家傳統》一文。和維明先生第二次訪談對話，即本書的《中華民族之再生和文化信息傳遞》，是 1998 至 1999 年我以訪問學者的身份再次來到哈佛時，我們做的一次時間更為充分的學術交談。

我當時擬定的訪談計劃規模相當可觀，想在哈佛訪學期間與中國學這一塊的主要教授都有所交流。連寫《文明的衝突》的亨廷頓教授，也約定了時間，並提前交給他一份詳盡的訪談提綱。下面是《亨廷頓教授訪談提綱》的全文：

1. 自從您的《文明的衝突》發表以後，中國以及亞洲的知識界很少有不知道您的名字的。您的言論因此成為大家關注的目標。我在哈佛訪學期間，聽說您對該文的一些

論點，已有所修正，不知是否真有其事？如果有，我想知道都是在哪些方面作了修正？

2.冷戰結束之後，人們顯然期待一個新的世界秩序的建立。但我以為，建立一個什麼樣的「新秩序」，不僅發生了歧見，而且事實上遇到了困難。甚至，「世界新秩序」這個概念本身也變得模糊不清起來。請問，您是怎樣看待「世界新秩序」這個概念的？或者您個人希望建立一個什麼樣的「世界新秩序」？可否就這個問題作一些分梳？

3.我在我創辦的一本新刊物《世界漢學》的發刊寄語中，曾提出下面的觀點：「如果冷戰後文明的衝突愈益凸顯之說無法得到廣為認同的話，那麼冷戰的結束，並不意味著不同文化系統之間的溝通與對話變得更容易而是增加了新的難度，應是大多數學人都可以接受的事實。」這樣講，是因為當今世界普遍存在文化誤讀的現象。比如，在我看來美國並不真正了解中國。您的看法呢？

4.您覺得現代文明建構的模式可以有多種形式麼？請談談不同民族的文化傳統和現代文明建構的關係。「亞洲價值」這個概念您怎樣看？文化上的多元並立，在一個國家是如此，就世界而言，更是如此。那麼文化上的這種「根性」，與現在頗為流行的「全球經濟一體化」，是否隱含著某種意想不到的衝突？

5. 我知道您的名字，是由於十年前北京三聯書店翻譯出版了您的《變動中社會的政治秩序》一書。據我所知，您的這本書在中國思想界也是很有影響的。至少書中闡述的發展中國家現代化容易出現無序，因而強調權威秩序的作用，不少人都感到共鳴。特別是主張「新權威主義」的一些人，更有遇到異域知音之感。您對這本書以及中國讀者，有什麼話要講麼？

6. 現在已經是 1999 年 2 月底了，二十世紀只剩下不到一年的時間。當此世紀轉換之際，您對即將過去的二十世紀和馬上就要到來的二十一世紀，有何檢討和展望麼？當然我是指比較有形上意義的檢討和展望。還有，您預期中美關係在最近以及將來會有怎樣的發展？

7. 可否透露一下您最近正在關注、正在研究的課題？您的研究是採取個人寫作的方式，還是與同道者合作，共襄其役？

1999 年 2 月 25 日

經周勤女士和梁治平先生的推薦，特請哈佛法學院的於興中先生擔任翻譯，「訪談提綱」的英譯即出自於先生的手筆。我個人並不贊同《文明的衝突》所表達的一些觀點，我的學界朋友

們也大都持批評態度。而亨廷頓教授顯然了解都是哪些國家的學人對他的文章持有異議，所以他一般不會見中國以及其他亞洲國家的來訪者。他之所以同意我的訪談，我知道是杜維明先生的有效斡旋。因此我很重視這次難得的機緣。

不料訪談時間出了差錯，亨廷頓得知的約定時間是 1999 年 2 月 25 日下午 2 時，我得知的時間 2 月 26 日下午 2 時。待到我和內子 26 日陪同於興中先生用完午餐回到燕京學社會議室，打電話給亨廷頓再次確認前往他辦公室的時間，他說：「不是昨天嗎？我昨天下午等了好長時間。」我們幾個人一起面面相覷地定格在那裏。亨廷頓先生是哈佛有名的忙人，無論是時間還是禮儀，都不可能再來補做已經過去的昨天的事。「天下事有出奇不意者」，又是一例。就這樣，也許是命運的安排，我終於和亨廷頓教授失之交臂。

對哈佛費正清東亞研究中心主任兼亞洲中心主任傅高義教授的訪談最為順利，一共兩次，第一次在 1999 年 2 月 2 日下午 5 時至 7 時，第二次在 2 月 18 日下午 5 時 30 分至 7 時 30 分。訪談地點在他的家裏，傅先生中文流利，不需翻譯。他以前主要是研究日本問題的專家，《日本的中產階級》和《日本第一》兩書，為他建立了聲譽。中國改革開放以後，他更加關注中國問題，並於 1987 年寫了《先行一步：改革中的廣東》一書。他在中國有許多朋友，1998 年中國領導人在哈佛演講，與他的精

心策劃有直接關係。他一度還是美國政府的政策顧問,美中兩個大國平等對話、友好相處是他的基本理念。他的友善與平易一下子讓我們之間沒有了距離。因此我與傅高義教授的訪談,在我是破例沒有完全局限在學術思想的領域,第一次圍繞「哈佛的中國學與美國的中國學」,第二次便放言無忌地大談起中美關係的歷史和現狀。我的提問有些具有挑戰性,但他不以為意,總是耐心地講述他的看法,以及對相關問題的愛莫能助的遺憾。1999 年我回國不久,就發生了中國使館被炸的事件,我注意到傅高義先生表示了明確的批評態度。可惜那以後我沒再見過傅先生,《哈佛的中國學與美國的中國學》這篇訪談稿也未來得及寄請他過目。但我相信他會認可,而且香港《明報月刊》刊載時他應該有機會看到。

哈佛訪談的學者,還有費正清東亞研究中心的柯文(Paul A. Cohen)教授,和當時擔任東亞語言與文明系主任的包弼德教授。包教授是研究唐、宋史的專家,《斯文:唐宋思想的轉型》是他的代表作。訪談時間在 1999 年 2 月 17 日上午 10 時,由於時間倉促,話題沒有展開。但與柯文的訪談內容非常充實。他重新檢討「中國中心觀」的著作《在中國發現歷史》的中文本,1989 年下半年由中華書局出版,翻譯者是我熟悉的林同奇先生。後來碰巧他另一本書《歷史三調》的序言,榮幸地刊載於我主編的《世界漢學》創刊號上。他提出的歷史學家重

構歷史的三重天地，包括「經驗的歷史」、「神話化的歷史」和「史家重構的歷史」，使我感到了學理的興奮。可以想見我是多麼期待這次故友重逢般的訪談。林同奇先生約的時間，1999 年 2 月 22 日下午 1 時 30 分，費正清東亞研究中心三樓柯文辦公室。我們一口氣談了一個半小時，意猶未盡，如果不是 4 點鐘他有課，還要繼續談下去。遺憾的是我回國後生了一場大病，訪談文稿遲遲未能寫出來。直到 2006 年 12 月上海召開「史華慈與中國」國際學術研討會，事先得知柯文也來參加，這才用了足足一周的時間把《歷史學家怎樣重構歷史 —— 柯文教授訪談錄》寫好。

我和柯文在上海的會上比鄰而居，一天晚餐後我將文稿交給他，請他潤正內容並校改其中幾處英文人名和書名。他說會後在香港大學有一個月的訪問計劃，到香港細讀後再告訴我意見。12 月 18 日上海會議閉幕，我 19 日返京，離開賓館時，柯文先生還特地到大堂送別。回京不久收到他 12 月 26 日發自香港的電子郵件，表示時間已過去七年，類似的訪談有過一些，更主要是自 1999 年訪談以來，他在一系列重要議題上的觀點有了很大的變化，因此不發表此訪談稿也許更為適宜。我自然尊重他的意見，但也有一絲小小的遺憾，主要是當這本《學術訪談錄》出版時，讀者已經無法看到我與柯文教授有過怎樣的對話。為了能有所小補，下面把這篇訪談文章的《後記》刊佈

出來，以明原委和作者的心跡。

後記

距今七年前的 1999 年 2 月 22 日，我在哈佛訪學期間，有機會對美國史學家、哈佛大學費正清東亞研究中心的柯文（Paul A. Cohen）教授，作了一次難忘的訪談對話。幫助安排此次訪談的是杜維明教授和林同奇教授，林同奇教授並且參加了對話的全程。雖然柯文的中文講的相當不錯，但如果不是同奇先生對關鍵字所作的轉譯，恐怕會增加我們彼此交流的困難。因此除了感謝杜維明教授的安排和柯文教授慨允提供機緣之外，我特別要感謝林同奇先生對我的幫助，他不只是語言符號的轉譯者，同時也是對話人，所以此訪談稿裏保留有多處他的言論。

此訪談文稿經我們中國文化研究所的胡振宇先生根據錄音整理，再由我結合現場所做筆錄最後寫成。只是由於我自哈佛回國後不久，就生了一次大病，沒有及時完成此項工作。這是要向柯文教授致歉的。2001 年 5 月，在德國海德堡大學舉辦的「中國近代史學思想和歷史寫作」國際研討會上，我與柯文有幸再次晤面，並對國恥紀念問題的解釋有過小小的爭論。如今重新審視訪談錄音，發現當初

我們就不無歧見。現在距訪談已過去七年的時間,離海德堡之會也超過了五年。柯文的《歷史三調:作為事件、經歷和神話的義和團》一書,業經杜繼東翻譯成中文由江蘇人民出版社出版。柯文先生還是選擇了「歷史三調」這個組詞,而沒有用「三解」。實際上指的是理解歷史的三個理念層次。一個歷史學家能夠對繁難的歷史解釋學提出如此新穎的理論,已經是很大的學術創獲了。更不要說他的治史的態度,我想他是有一種沉迷感的。如果他對研究對象的解釋還有哪些方面的遺漏或不夠周詳的話,那也是他的學術習慣所致,而不存有任何學術以外的原因。

因為柯文教授是誠實的歷史學家,他只是為了歷史和理論的本身,他不需要為歷史額外添加什麼。我期待柯文先生對這篇訪談稿的修改,如是當以他的改稿為準。

2006 年 12 月 10 日記於中國文化研究所

我只是忠實地敘述歷史,卻忽略了亞里士多德的經典名言:「時間被現在弄成繼續,也被現在弄成分離。」以及紀伯倫的告誡:「按時序和季節調整你們的舉止,甚至引導你們的精神。」我沒有想到柯文對訪談稿的發表會持保留意見。當我接到他的信之後,也給他回了一信,全文如下:

尊敬的柯文教授：

　　您好！這兩天我才有機會請本所的劉軍寧先生將您的來示翻譯成中文。我非常理解您的決定。看來時間可以改變一切，也會丟失一切。所以孔子說：「逝者如斯夫。」我也覺得原來的訪談已不能反映您近年來的學術進境。那麼好，我就不發表這篇訪談，只把它作為我們相識並建立友情的歷史記錄吧。

　　中國學術傳統講求人品和學品的統一，以我與先生的接觸，覺得先生稱得上是這兩者統一的學者，因而讓我深感敬佩。很高興海德堡之後我們又在上海晤面，而且對您的觀點有了新的了解。我想忘記「國恥」也許更能夠使一個民族的心態趨向平和，佛教所謂平常心是也。但此事說來複雜，俟讀了您的新著之後我再思考。

　　相信我們不久還會有晤面的機會，屆時就可以拋開時間的磨損，而為新的課題傾心而談了。謝謝，謹祝

　　安好！

　　劉夢溪拜上。

　　　　　　　　　　　　　　　　　　2007 年 1 月 10 日。

我意識到時間因素對理解事物所可能起的作用。我引了《論語》中孔子以逝水來比喻時間的常典，我說「看來時間可以改變一

切，也會丟失一切」。雖然海德堡的研討會上我們有過不情願的爭論，但柯文的人品和學品無法不讓我敬重。他是一個沉默的思想者，一位略帶羞澀的歷史學家。

　　但並不是沒有「時間被現在弄成繼續」的例證，我和杜維明先生的訪談其實也是最近才整理竣稿，但我敢說談話的主要內容遠遠沒有過時。維明先生致力於各文明之間的對話，我在哈佛期間，他正主持儒家思想與自由主義的對話。他看到了中國文化與西方文化對話的歷史契機正在來臨，但擔心我們自己的資源沒有準備充足。不是讓人家跟唐朝的中國文化或者宋朝的中國文化對話，而是跟現在的中國文化對話，這就有一個自己的傳統資源如何整合的問題。所謂對話能力，就是文化的反思和批判的能力。近二三十年我們在連接傳統和恢復記憶方面不無成績，但真正形成與西方主流思想界對話的條件，還有相當一段距離。所以維明先生提醒不要輕視印度，不光是軟件業，印度培養出來的知識份子，很多可以和西方平起平坐的辯難。他看到中國經濟發展迅速，在世界上的影響增強，為減少國與國之間的誤讀，他關注向外部世界傳遞什麼樣的信息的問題。茲事體大，時至今日尤須值得我們重視，所以訪談文章的題目徑直叫做《中華民族之再生和文化信息傳遞》。我很讚賞「再生」兩個字，也許比時下流行的「崛起」要更好一些。本來為呼應維明先生的理念，我在哈佛主持過一次「十年機緣待

儒學」的學術懇談會，維明作引言，十名當時在哈佛的訪問學人參加。可惜由於同樣的原因，也沒有及時整理出來。真感到對不住與會的各位同道，更對不住熱情支持此議的維明先生。

　　大體上還算沒有延誤過多時間的訪談文章，是《現代性與跨文化溝通 —— 史華慈教授訪談錄》。所談內容極為豐厚充盈，是我在哈佛收穫最大的一次訪談。2003 年首次在《世界漢學》披載時，獲致學界朋友的好評。當然這不是由於我，而是史華慈學術思想的衝擊力所發生的作用。他毫無疑問是西方最傑出的思想家之一。林毓生先生訪談前對我講：「你見到了史華慈，可以知道西方非常高的大儒是什麼樣子。」他有無窮無盡的思想，他提問題的視角是面對整個人類講話。他最關注的是人文精神的建構，他感到最難解釋的是人到底是什麼的問題。無法想像，這樣一顆偉大的靈魂竟會在 1999 年 11 月 4 日悄然仙逝。我在《訪談錄》整理完稿之後補寫的《題記》中寫道：

　　　　我很遺憾這篇訪談錄史華慈先生未能看到他就去世了，都怪我不恰當的生病，耽擱了及時整理訪談記錄稿的時間。1999 年對我是不幸的一年，4 月份從哈佛回來不久，就病倒了。直至第二年春夏，方日漸恢復。但更加不幸的是，我所見到的西方最單純的思想家、最富學養的中國學學者史華慈教授，已經永遠不能向人類發表他的睿智

卓見了。我和他的訪談對話，第一次在 1999 年 2 月 9 日下午的 2 點到 4 點，第二次是 2 月 22 日上午 10 時至 12 時。地點在哈佛費正清東亞研究中心他的辦公室。他的辦公桌對著門，大衣掛在門後的衣鈎上。我和林同奇先生坐在他的對面，內子陳祖芬坐在左側書架前。因為有事先送給他的訪談提綱，整個談話非常順利。他談得愉快而興奮，幾次高舉起雙手，強調他的跨文化溝通的觀點。講到美國文化的現狀，他略感悲觀，他說自己也許是老了。這樣說的時候，我注意到他眉宇間有一絲黯然。沒法形容這次訪談我個人所受的啟悟以及帶來的學術喜悅有多大。第二次談話結束的時候，我寫了一張紙條給他，上面寫：「啟我十年悟，應結一世緣。」當時說好訪談稿整理成文之後會寄請他過目。沒想到因病未克及時竣事。而當現在終於成文準備發表，卻欲送無人了，成為一次永遠無法彌補的遺憾。好在此訪談稿先經林同奇先生根據錄音整理並作漢譯，然後我參酌現場所作筆記和內子的筆記，最後寫定成文。其可靠性史華慈先生自必認可。如果我揣想不誤的話，1999 年 2 月 9 日和 22 日我對他的這兩次訪談，應該是他生平最後的兩次學術對話。因為林同奇先生告訴我，我回國不久，史華慈先生就住進了醫院。也許我紙條上的後一句不那樣寫就好了。林同奇教授為訪談所做的幫助，

對訪談初稿的整理、漢譯，我深深感謝並心懷感激。

上面這段文字，寫於 2001 年 1 月 24 日，如今已經過去六年的時間，而距離我與史華慈先生那次訪談對話，至今已有八個春秋。

我相信 1999 年 2 月 9 日和 2 月 22 日的兩次訪談，應該是史華慈先生一生之中最後發表的思想。需要說明的是，史華慈教授的談話，不是對我所提問題的簡單回答，而是參照我的問題，放開來闡述他的思想。我甚至覺得，這是他的一次借題發揮，他顯然樂於並且需要發表他積蓄已久的思想。而且，我需要再次向林同奇先生表達我的謝意。上海的史華慈研討會他因身體原因沒能來參加，但因緣湊泊的是，林毓生先生代他宣讀論文，我恰好擔任這場論文發佈會的評議人。宣讀超過了規定時間，主席叫停，林毓生先生鄭重陳詞：「那就是說林同奇先生沒有掌握好時間。」全場莞爾而笑。會後我打電話給同奇先生，告知他研討會的情況，並提及我向會議提交的論文的題目是《史華慈：最後發表的思想》。

現在讓我們從康橋回到香港。

香港中文大學人類學系於 1993 年 3 月中旬，也召開過一次「文化中國的展望：理念與實際」國際學術研討會，我應邀出席並發表《解構與重建：文化與經濟與政治的三重變奏》的

論文。由於一年前已經與余英時先生和杜維明先生作了訪談，因此覺得時任香港中文大學中國文化研究所所長的陳方正博士，應該是一位合適的談講對象。我與方正先生相識於 1989 年春天的「五四」七十周年研討會，因為當時我正在籌建中國文化研究所和出版《中國文化》雜誌，便誠邀他擔任刊物的特約顧問。後來他創辦的《二十一世紀》雜誌也出版了，每期我們都相互交換。因此會前我草擬了一份包括九個方面內容的訪談提綱，提前寄給方正兄，於是約好在 3 月 15 日，研討會閉幕的第三天下午，我們圍繞中國傳統文化研究的現代方向問題作一次愉快的交談。這就是《中國傳統文化研究的現代方向 —— 陳方正教授訪談錄》這篇對話的來歷。方正兄留給我的印象，清通敏銳，溫厚幹練，雖出身自然科學，卻能站在人文學科的前沿。

我和金耀基先生第一次晤面是在 1993 年元旦，當時因參加香港法住文化書院舉行的學術年會，故意外得此機緣。我們可以說是一見如故。隨後同一年的 11 月 17 日至 25 日，馬來亞大學召開國際漢學研討會，我和金先生都應邀出席，有了更多的交談機會。特別在馬六甲海峽陡然產生的滄海桑田、天涯歸客的歷史幽思，使我們的精神潛界不期而然的重合在一起。吉隆坡會後我應香港大學中文系的邀請，主持 1993 至 1994 年度的查良鏞學術講座，又曾一起暢敘。一年以後，也就是 1995

年的 11 月，我和內子應臺灣中央大學和中央研究院的邀請訪臺，回程過港在陳方正先生的中國文化研究所訪學一周，除了一次學術演講，大項目就是和金耀基先生訪談對話。一共兩次，一次在 1995 年 12 月 3 日的下午，一次在 12 月 4 日的下午。還有一次晚餐也作了長談，劉述先教授和童元方女士亦在座。中心題旨是圍繞中國現代文明秩序的建構問題，我把它看作是 1992 年與余英時先生訪談的繼續，切入之問題的方式亦不無前後相連帶相衍發之處。這裏需要說明的是，訪談文稿經金耀基先生作了詳細地增補和潤改，所以才有現在這樣的思想深度。作為佐證，不妨講一個與這篇訪談錄有關的後續故事。

2006 年 9 月份，《21 世紀經濟報導》的編者打電話給我，問我手邊有沒有合適的文章給他們發表。我說其實報紙應多刊載一些有思想的文章。他們說正是此意。我說有倒是有，但已經發表了。我是指 2006 年 8 月 13 日《文匯報》「學林」專刊發表的我在紀念費孝通先生逝世周年座談會上的講話《「文化自覺」和「美美與共」》。他們說看到了，所以才特地約稿。當說起什麼樣的文章才算作有思想，我提到了與金耀基先生訪談。他們看了之後決定重新刊載。我說已過去十幾年，他們說完全適合當前。《21 世紀經濟報導》有一個專欄叫「重塑新時期的基本價值」，於是便在 2006 年 10 月 2 日和 10 月 9 日，用兩個版的篇幅連載了這篇訪談文章。我原來的題目是《為了中國現

代文明秩序的建構》，畢業於北京大學歷史系的編輯馬娟小姐改作《中國現代文明秩序的蒼涼與自信》。「蒼涼與自信」是她閱讀文章時感覺並捕捉到的情感認知，顯然比原來的題目好，因此也就成了這本《學術訪談錄》內地中華書局版的書名。至於為什麼關注經濟與社會的敏銳的報紙編者，會認為一篇舊文仍具有當今的價值，讀者看了自然有分曉。我要說的是，這得歸功於金耀基先生，是他的思想的濃度和活性，把舊雨變成了新知。他是我所看到的對中國現代化進程作理性思考的不可有二的學者。

我在哈佛的研究計劃結束之後，又應邀到哥倫比亞大學訪學一周。我感到高興的是，居然有機會與堪稱費正清第二的美國中國學泰斗級人物狄百瑞（William Theodore de Bary）教授作了訪談。這要感謝哥大東亞系主任王德威教授，以及商偉教授。他們把一切都提前安排好了。訪談時間在 1999 年 3 月 4 日下午 2 時，地點是狄百瑞教授的辦公室。他關注的主要問題是文明的對話問題，包括西方的價值理念和儒家思想的對話，中國古代的儒家傳統和現代的對話。採取的方式是經典會讀，九十年代初期會讀《荀子》，我在哥大的時候會讀《孝經》。但他追尋的學術目標則是所研究的問題必須與現代性直接相關。他有點像中國傳統的有聲望的儒者，力倡以「平天下」為己任。他不僅自己這樣做，也要求他的學生這樣做。遺憾的是

我沒來得及參加他主持的《孝經》會讀，但他大駕光臨的一場
東亞儒學研討會我卻幸運地躬逢其盛。

　　主講人是英國一位女教授，特地從倫敦飛來紐約，下飛機
就來到了會場。演講題目是關於韓國的儒學問題。她準備的講
稿大約只講了三分之一，坐在長形會議桌另一端的狄百瑞便打
斷了她，問她有一本書看過沒有。我看到女教授搖頭表示沒有
讀過，於是狄百瑞開始了他的論說。他講的時候，會場的空氣
變得格外凝重。足有十多分鐘他的話才講完，然後拿起文件包
轉身就離開會場。我的觀感是由於不悅，他才中途退席，但坐
在我旁邊的王海龍先生說，這就是他的風格。幸虧主持人宣佈
研討會繼續進行，並對狄先生離開的理由作了適當的解釋，滿
面紅暈而又不知所措的女演講人才逐漸擺脫尷尬。

　　這讓我想起有「老虎」之稱的傅斯年，以及傅高義教授告
訴我的對費正清也有「西方皇帝」的說法。但在訪談時，我分
明看到他對儒家思想的深層思考和對所關注問題的沉醉與不容
置辯。他生於 1919 年，當時他已經是八十高齡，但思想和鋒
芒證明他仍然很年輕。他曾擔任哥倫比亞大學東方研究委員會
主席、東亞語言及區域中心主任、大學教務會執委會主席和哥
大副校長等要職，但繁忙的行政似乎並沒有對他所鍾愛的學術
事業構成影響，一生著述宏富，書生本色未改。正如金耀基先
生所評價的：「狄百瑞先生之本色是書生，學術是他最根本的

趣旨，故無論教育行政如何繁重，他在學術研究上數十年如一日，從未間斷，是以著述不輟，品質皆富。」[1] 狄氏的著作譯成中文的目前還不是很多，特別是訪談中他向我提到的近著《亞洲價值與人權：一個儒家社群主義視角》。另外還有《儒教的困境》和《等待天亮》兩本他自己頗看重的著作，至今還沒有與中文讀者見面。只要看看《等待天亮》一書他具列的獻給中國學者的名字，就明白他對中國儒學的當代建構寄予怎樣的厚望。這些名字是：梁方仲、胡適、馮友蘭、錢穆、唐君毅和陳榮捷。1994 年當他為何兆武先生翻譯的他的《東亞文明 —— 五個階段的對話》的中文本撰寫序言時，再次具列了這些名字。[2] 那麼《經典會讀與文明對話》這篇訪談錄，就權做他和中國學人接觸的一次短暫的記錄罷。

　　最後我想對訪談對話這種文體或者學問方式說幾句話。

　　蓋「學問」一詞，實有分合、正倒諸義。合者側重於「學」義，分者則「學」和「問」各為一事。古人論學，一向注重學問的「問」義，故《易》的文言云：「君子學以聚之，問以辨之，寬以居之，仁以行之。」《中庸》有言：「博學之，審問之，

1　金耀基：《迎狄百瑞先生來新亞書院講學》，見《中國的自由傳統》，香港：中文大學出版社，1989，頁 138。

2　狄百瑞：《東亞文明 —— 五個階段的對話》（何兆武、何冰譯），南京：江蘇人民出版社，1996，頁 3。

慎思之，明辨之，篤行之。」子夏則說：「博學而篤志，切問
而近思，仁在其中矣。」馬一浮對此解曰：「博學而不篤志，
猶之未學；切問而不近思，猶之未問。」又說：「學必資於問，
不學則不能問。」所以學人治學，也稱問學。學問的過程亦即
問學的過程，此為學問一詞的「倒義」。《論語》所記，在孔子
為學問，在七十二子為問學。不論是學問，還是問學，思想都
居於壓倒性的地位。馬一浮在《宜山會語》裏寫道：「學以窮
理，問以決疑。問前須學，問後要思。故學問之道以致思為最
要，思則得之，不思則不得也。」視義理、考據、詞章為學問
三要素的戴東原，晚年突出義理，轉而把考據和詞章看作達致
義理的手段。其要義都在凸顯思想是學問的靈魂。訪談對話的
好處，在於彼此激發，可以實現思想的碰撞。由於是面對面傾
心而談，還可以見出學者的真性情。

本書所收之與余英時、與史華慈、與金耀基、與杜維明、
與傅高義、與狄百瑞、與陳方正諸先生的訪談，無異於躬逢思
想的饗會，真是非經過者不知也。史華慈的深邃沉醉，余英時
的真切洞明，金耀基的博雅激越，杜維明的理性低徊，傅高義
的親切闊朗，狄百瑞的陳議獨斷，陳方正的科學思維都無法淡
化的留在我的心裏。本來還有兩位於我也是亦師亦友的學問大
家——張光直先生和李亦園先生，也曾有過訪談的設想，不料
陰差陽錯失卻機緣。張先生於我極為親切，他一共來北京幾次

我不知道，至少有兩次到過我家裏。1995 年我去臺灣中央研究院訪學，就是張先生和李先生的邀請。史語所安排我演講，張先生不顧行動不便，竟也前往參加。當時他擔任中研院副院長一職，帕金遜病已經在殘忍地折磨著他。1999 年在哈佛時曾到他府上拜望，這時他的語言和行動已非常困難。他說他有三個家，康橋的家、臺北的家和北京的家。我問更喜歡哪個？他說都喜歡。在康橋向他作最後道別的情景，我一直不能忘懷。

　　日前和李亦園先生通電話，憶往懷人，說起這本訪談錄將要出版，而書中竟沒有與李先生的對話，我們都感到有一絲遺憾。

農曆丁亥上元前一日於京東寓所

時　間　／　1992 年 9 月
地　點　／　普林斯頓大學余英時先生寓所

為了文化與社會的重建

余 英 時 教 授 訪 談 錄

余英時小傳

余英時，籍貫安徽潛山，1930 年生於天津。著名歷史學家。1947 年夏天考取東北中正大學歷史系，後轉入燕京大學歷史系。1950 年進入香港新亞書院，師從錢賓四先生，1952 年畢業，為新亞書院第一屆畢業生。1955 年負笈美國，師從楊聯陞先生。1962 年取得哈佛大學博士學位，七年後受聘為哈佛大學中國史教授。1973 年返港，任香港中文大學新亞書院院長，兼大學副校長。兩年後重回哈佛任教。余先生在北美先後執教鞭於密歇根大學、哈佛大學、耶魯大學，為耶魯、哈佛的講座教授。現為普林斯頓大學歷史學與漢學研究榮譽教授。

（注：本書中余英時、杜維明、金耀基、陳方正、史華慈、傅高義、狄百瑞七位學者的小傳皆為黃彥偉博士整理編寫。）

余先生學識淵博，在其六十餘年的學術生涯中，以深入探究中國歷史、思想、文化為職志，以現代知識人的身份從事中國思想傳統的現代詮釋，論旨深刻，創獲獨到。自 1953 年開始發表論著以來，共出版中英文著作數五十餘種，論文四百餘篇。主要有《歷史與思想》、《史學與傳統》、《論戴震與章學誠》、《方以智晚節考》、《中國古代知識階層史論》（增訂版為《士與中國文化》）、《紅樓夢的兩個世界》、《中國思想傳統的現代詮釋》、《中國近世宗教倫理與商人精神》、《陳寅恪晚年詩文釋證》、《錢穆與新儒家》、《中國近代思想史上的胡適》、《朱熹的歷史世界》、《論天人合一》等。1974 年膺選臺灣中央研究院院士。2006 年獲得美國國會圖書館頒發的有「文科學領域的諾貝爾獎」之稱的「約翰・克盧格人文與社會科學終身成就獎」。2014 年榮獲臺灣「唐獎教育基金會」頒發的首屆「漢學獎」。著作等身，譽滿學林。

　　上世紀五十年代初，陳寅恪看到余先生為港版《論再生緣》寫的後記，稱「作者知我」。八十年代，錢鍾書先生許其為「海外獨步」。

引言

　　1992 年 9 月，我赴哈佛大學出席「文化中國：詮釋與傳播」國際學術研討會。會後應余英時教授的邀請，順訪普林斯頓大學。余英時先生是我最服膺的學者，早在七十年代，一個偶然的機會讀到他的《近代紅學的發展與紅學革命》一文，當即為之一震。從此我知道世間有余英時其名。他的文章寫於 1973 年，但我讀到，已是 1979 年了。自此我便到處找余先生的書，找到一本讀一本，到 1988 年，凡是能找到的余著我都讀過了。古人說：「讀其書，想見其為人。」沒想到 1992 年的秋天，有了這樣的機會。我們第一次在哈佛見面就忘了時間，從晚上 10 時一直談到第二天清晨 5 點。然後一起去普林斯頓，在列車上繼續交談。到普大後再談。我們前後談話的時間，大約有三十多個小時。主題則是圍繞中國學術思想與中國文化，追尋的目標是為了中國文化與中國社會的重建。

　　我們談話的方式，更多的時候，是無題漫議，興致所至，想到哪裏，談到哪裏。有時則是我提出問題，英時先生給予解答；解答中遇到問題，我進一步深摳，他再加以闡證。也有時是兩個人對談，各自取證，互相證發。古人所謂談講之樂，盡在其中矣。談話過程中，我徵得英時先生同意，隨手作了簡單

記錄。現在大家看到的,是現場記錄的再整理。小標題自然是整理時所加。整理稿經英時先生過目,有些地方他作了補正。

因此,這既是一篇訪談錄,又可以看作是一篇對話體的文章。只不過作者應該是英時先生。巴爾札克有一句名言:「法蘭西是要成為歷史家的,我只是她的書記。」余英時先生是人所共知的歷史學家,巴爾札克老人這句話對於此時此刻的我,比用之於他本人更合適。

關於錢穆與新儒家

劉夢溪:您的《錢穆與新儒家》一文,我看得很仔細,前後看了三遍,為的是能準確地寫內容提要。文章刊載在《中國文化》第六期上,香港版已經出來了,大陸三聯版還要一些時間。我揣想您這篇文章,開始時並沒有計劃寫這麼大規模,而是寫著寫著,不能自已,圍繞這個問題的所有觀點便傾瀉而出了。

余英時:也可以這麼說。錢穆先生逝世以後,臺灣、香港、大陸刊出了許多紀念文章。我也寫了兩篇悼念文字,一是《猶記

風吹水上鱗》，發表在臺北的《中國時報》；另一篇是《一生為故國招魂》，發表在《聯合報》。但這兩篇文章都有所局限，前者是一篇雜憶，主要記述在香港時期我和錢先生的師生之誼；後者雖然意在說明他的學術精神，也只是簡單勾勒他的民族文化意識的根結，沒有對錢先生的學術思想作深入的闡發。在這種情況下，我寫了《錢穆與新儒家》一文，當然是有所為而寫的。作為錢先生的學生，我不能看到對錢先生的曲解而置若罔聞。

劉夢溪：可是您寫起來就不以澄清問題為限了，我相信這是您近年最重要的文章之一，似乎是第一次系統表述您對新儒家的看法，因此學術界非常重視。我來美之前接到好多電話，問第六期《中國文化》何時出來。我注意到，您雖然不贊同把錢穆先生置於新儒家的旗幟之下，但您對中國的儒家思想和儒學傳統並沒有任何輕忽，甚至對錢穆先生的儒學態度和儒學關懷，也給予了相當高的評價。

余英時：是的，在中國歷史上，沒有任何其他思想像儒家思想這樣，能夠維持得這麼長久，延續了兩千多年，成為中國人的基本價值系統。在做人方面，我最同情儒家了。今天全面恢復儒學做不到，但基本道德，離開儒學其他思想不能代替。比如

說，作為一個人，怎麼能不講信義呢？基督教不能代替儒家思想。事實上，我們也不可能把基督教思想完全搬過來。儒學的關鍵在做，不做沒有用。中國沒有傳教士，過去做地方官的，一面管理行政事務，一面傳教佈道，而且是在沒有人指令要他做的情況下，本人自覺自願做的。要說政教合一，這種合一並沒有什麼不好。錢穆先生的儒學觀有兩個層次：一個是歷史事實的層次，一個是信仰的層次。就後者而言，可以說儒家是他終身遵奉的人生信仰，始終堅信儒家價值系統對社會對個人都有潛移默化的積極功能。這一點，我在文章中作了比較詳盡的論述。但錢穆先生決不是新儒家，又必須加以澄清。我認為把新儒家的名號加在錢先生身上，並不是褒揚錢先生，而是局限了錢先生。所以我在文章一開始特別提出學術與門戶以及學問的宗主問題。

劉夢溪：這就不僅是為錢先生辯了，而且提出了學術史的大問題。我個人是最不贊成學術研究有門戶之見的。我認為學派可以有，家法也可以有，就是不應該有門戶之見。一涉及門戶，難免有人為的因素摻入，也就在學問中摻進了偏私之心。而學術領域最容不得一曲之私。《中國文化》創刊，我特地在發刊詞中申明「文化比政治更永久，學術乃天下之公器」的辦刊宗旨。章學誠《文史通義》有「言公」篇，道理講得很透闢。

特別是站在史學立場上的學者，一般都反對用門戶來自限和限人。

余英時：是這樣。錢穆先生的史學立場很鮮明，《國史大綱》、《秦漢史》、《史記地名考》等乙部範圍內的著作不必說，像《中國近三百年學術史》、《先秦諸子繫年》、《論語新解》、《莊子纂箋》、《朱子新學案》等子部著述，也貫穿著史學精神。史學家面對的是客觀世界，歷史陳跡是客觀的東西，如何再現歷史事實的真相，在歷史陳跡中發現歷史精神，已傷透了歷史家的腦筋，他們沒有時間也沒有心緒去建立門戶的壁壘。這是一個方面；另一方面，錢先生是浩博寬豁的通儒，不是在牛角尖裏作文章的酸腐書生，這也使他從來與門戶無緣。但治學不立門戶，卻不能沒有宗主。錢先生治學的宗主，我認為就是立志抉發中國歷史和文化的主要精神及其現代意義，這一精神貫穿於他的全部著述之中。

劉夢溪：您在文章中講錢穆先生的學問宗主一節，提到了陳寅恪和湯用彤兩位先生，是不是您認為錢、陳、湯三人的學問宗主有相同的取向？

余英時：如果不是完全一樣，也有重要的共同之處。至少他們

的學術路向與當時的主流派是相背的。另外,他們都不宗主一家。陳寅恪宗主哪一家呢?國內學術界這一家那一派之間的筆墨官司固然為他所看輕,外國的互為畛域的學術紛爭他也不放在眼裏。他在歐洲、日本那麼多年,主要為的是兩件事:一是接觸原始資料,二是掌握治學工具,特別是語言工具。

劉夢溪:是的,陳寅恪先生的學術自主性非常強。他在國外前後有十多年的經歷,對外域的知識學問熟悉得不得了,卻很少在自己的著述中露出痕跡,以致於讓人發生錯覺,以為他使用的是舊方法。

余英時:當然不是舊方法。他是舊中有新、似舊彌新。錢先生也是這樣。所以我在文章中引他《國史新論》裏的話:「余之所論每若守舊,而余持論之出發點,則實求維新。」這和陳寅恪的觀點如出一轍。

劉夢溪:您對新儒家的評價是否有些偏低?新儒家把文化作為一種信仰,那種誠篤執著的精神,也是非常令人感佩的。

余英時:應該說新儒家是在提倡一種有信仰的文化,在舉世滔滔之時,他把人的精神作了高度肯定,其取徑值得同情,所作

所為是另一回事。我在文章結尾部分有一段話講得很明確：「根據我個人的了解，新儒家的主要特色是用一種特製的哲學語言來宣傳一種特殊的信仰。在這個信仰普遍衰微的時代，新儒家如果能發揮一點起信的功用，哪怕僅僅限於三五徒眾，仍然有益於社會秩序。我個人不但不反對，而且十分願意樂觀其成。」這個評價不能算偏低，恐怕已經相當高了。

劉夢溪：那麼您對「第三期」儒學的發展前景是不是比較悲觀？

余英時：我認為「第三期」儒學僅僅是個假說。

學術不允許有特權

余英時：講任何問題都不能承認某個人擁有特權。尤其在學術領域裏，在科學面前，更沒有特權的位置。對於某個問題，不能說只有我看到了，別人都看不到。宣稱自己掌握了規律、看到了本質，是荒唐的。科學都不能隨便談，何況規律。一個人如果宣稱自己看到了全部規律，那他就是上帝，他可以洞察萬世。

　　可以有偏好，但不應有特權。比如研究思想史，研究者當然有自己的觀點，但不能脫離開制度史，不能脫離開社會。在知識面前，在學術面前，在認識面前，誰都沒有特權。如果強調一定要「有慧根」，才能躋身某個領域，那就是要確立一部分人在這個領域的特權。這就是要求特權。先儒裏面，孔子平易，不追求特權。孟子的氣勢高人一等，給人以「捨我其誰」的印象，但還說不上要求特權。如果再進一步，從思想的特權發展到社會特權，危害就大了。

劉夢溪：所謂特權，實際上是試圖把非本體的職分添加到本體上來，無限制地擴展自己的勢力範圍。學術也劃勢力範圍，已經離開學術了。讀書治學，重要的是守持得住自己，為本色學問，做本色人。最要不得的是時不時地到處做出位之思，對什麼問題都發表言說。

余英時：胡適早就說過，要各盡其職。在今天，就思想而言，我主張寧低勿高。

劉夢溪：可是時尚相反，很多人喜歡自高位置，以似乎真理在手自居，聽不得不同意見的商榷。中國改革開放之前，思想領域一度流行假、大、空的高調，影響所及，也感染了學術界，

包括文風、文體在一定程度上都受到影響。思想的高調尚且無益，學術的高調就更加可憎了。

余英時：思想和學術的高調，我以為與過分要求思想一致、思想統一有關。思想怎麼能夠統一呢？馮友蘭過去強調「大一統」，翻譯他的書的人站出來反對，說不需要一個統一的思想。社會需要和諧，但不需要整齊劃一。《易經》裏講：「天下同歸而殊途，一致而百慮。」這個思想很好。司馬光也反復講過這個意思。中國傳統思想是不獨斷的。《論語》平易，不獨斷。「己所不欲，勿施於人。」這個思想太重要了，非常合情合理。

劉夢溪：是的，《論語》已經把大道理化作了日用常行，親切易懂。「己所不欲，勿施於人」的「恕道」，是中國文化中非常重要的思想，能守此道，人與人之間、社會結構內部可以減少很多衝突。「忠恕」，還有仁愛，也可以從人道主義的角度給以理解，應該是流播四海、傳之萬世而不滅的思想資源。

余英時：現在唸《論語》，人們喜歡摘引「唯女子與小人為難養也」。

劉夢溪：孔子這句話有不同的解釋，有的把「女」解釋為

「汝」，未免過於牽強。其實這是個大判斷，包含有孔子的閱世經驗在內。有意思的是，他對何以「難養」的說明 ——「近之則不遜，遠之則怨」。不能說他講得沒有人情世態的理據。

余英時：「君子」「小人」的概念，依我的看法，道德意義高於社會地位。如果看作是單純社會階級地位的劃分，就離開孔子原意了。孔子下判斷，經驗的成分是很大的，好處是他不強加於人。對自己堅持的東西，就說別人不懂，這就是認知上的特權思想。認知特權，對主體是危險的，對客體是有害的。否定的工作是破壞性的工作。否定本身是一種破壞性思維，作為群體的思維定式，在中國是近代衍生出來的。魯迅的長處是深刻。所謂深刻是能夠發現更深在的根源。但光看到壞處，那是尖刻。陳寅恪和魯迅，到底哪個深？純負面的不可能是深刻的。只告知社會是惡，並不能解決問題。

劉夢溪：作家與社會的關係與學者對社會的態度是否有所不同？

余英時：從人文關懷的角度來看，應該是一致的。不同的是關懷的方式。作家情感的成分要多一些，而人文學者、社會科學家，則需要盡量汰除情感。換句話說，作家的主觀性強一些，學者作科學研究則需要客觀。

學術紀律不能違反

余英時：我講學術不允許有特權，也包含做學問的人一定要遵守學術紀律。

劉夢溪：這正是我要請教的。我由於編《中國文化》，與各種年齡層的人文學者都有一定接觸，經常收到各種各樣的稿件，因此對一篇論文以及一部學術著作的寫作過程比較留心。同時我本人也是過來人。我深感在國內學術失範是個很嚴重的問題。這有各方面的原因：一是五十年代以後，非學術的因素對學術的影響甚大，致使到底什麼是學術變得不那麼好鑒定；二是長時期以來正常的學術活動不能無間斷地進行，出現了學術斷層；三是由此產生的中青年一代學人缺乏系統的學術訓練；四是與國際社會進行學術交流還很不夠等等。學術失範，也就是學術紀律得不到遵守，是阻礙國內學術發展的一個重要原因。

余英時：的確這是一個重要問題。學術紀律其實是一種治學的通則，誰都不能違反的。大學的基本訓練裏面，掌握學術規則是其中的內容之一。學術規則很多，例如引用資料一定要真實可靠、要重視第一手材料、要尊重前人成果、不能隱瞞證據等

等。不過這都是一些具體規則，更重要的是對待學術要有一個科學態度。就史學而言，第一位的是根據翔實可靠的史料建立自己的觀念，這是個前提。

劉夢溪：您在北美執教、從事學術研究的時間很長，西方學術界的狀況您非常了解。我很想知道美國漢學界在學術規範方面有哪些特殊的設定？美國漢學，或者說研究中國這一塊，與歐洲漢學有什麼分別？

余英時：西方學術界一般是比較嚴格的，美國也不例外。主要是重視通則。對論文、對著作有一定的要求，不符合要求就通不過。當然由於平時重視訓練，因為不符合學術規則通不過，這種情況並不很多。至於一些研究中國問題的漢學家、以研究中國學術文化為職志的專門學者，學風都是很謹嚴的。這與西方的科學傳統有關。要麼做別的事情，只要進入學術領域，就要按慣常的規則辦，已經成為一種職業習慣了，你不讓他這樣做也辦不到。因此遵守學術紀律就像遵守交通規則一樣，如果僅僅意識到不應違反學術規則，還是初步的，應更進一步，變成一種習慣，想不遵守也不行。

劉夢溪：東西方的學術規則是不是也有不同之處？

余英時：規則、紀律應該是相同的，但學術傳統確有不同。我在《錢穆與新儒家》最後一節講「良知的傲慢」和「知性的傲慢」，實際上接觸到了這個問題。科學主義的意識形態傾向於把自然科學置於社會—人文科學之上，是理論的偏頗；而新儒家使道德主義的意識形態得到完善，用回歸主觀的「道體」代替客觀的「真理性」，其結果不是遵守而是在擺脫學術紀律的路上愈走愈遠。就拿熊十力來說，他對儒家經典的解釋隨意性是很大的。陳寅恪在《馮友蘭中國哲學史審查報告》中有一段話，說「今日之談中國哲學史者，大抵即談其今日自身之哲學者也。所著之中國哲學史者，即其今日自身之哲學史者也。其言論愈有條理統系，則去古人學說之真相愈遠」。

劉夢溪：這段話主要是批評當時的墨學研究。

余英時：是的。不過他接下去說的「任何古書古字，絕無依據，亦可隨其一時偶然興會，而為之改移，幾若善博者呼盧成盧，喝雉成雉之比」，所指就不只是墨學研究了。至少新儒家某些人由於不講究訓詁，他們對古典的態度，與陳先生批評的沒有什麼兩樣。

劉夢溪：不過熊十力的性格堅強，思想執著，也很獨到，有自

己的體系，對「六經」、對中國傳統思想的研究，是有貢獻的。

余英時：熊是特立獨行之士，他的價值在己出。

「天人合一」的局限

余英時：說到這裏，我想對「天人合一」談一點看法。「天人合一」無疑是中國古代的最重要的哲學思想和哲學命題。但「天人合一」在實際上又是不可能的。人能夠創造文化，人與天就分離了。現在思想界有人提倡海德格爾，有否定客體的傾向。我們不能反對科技。反科技，回到原始的「天人合一」，是不明智的。

劉夢溪：我想這裏面有兩層意思，一是「天人合一」作為一種哲學思想，一種宇宙觀念，它傾向於不把主體和客體對立起來，這在認識論上是非常有價值的；二是指人的一種修養境界，主要表現的是一種人生理想。馮友蘭在《新原人》中說人的境界有四種，即自然境界、功利境界、道德境界和天地

境界，其中以天地境界為最高，理論資源就本諸「天人合一」學說。

余英時：馮友蘭的天地境界純粹是幻覺。希望回到母體、尋根，這是一種文化要求，合乎學理，順乎人情，沒有什麼不好。何況有往必有復，有進必有退，天理昭彰，原該如此。問題是，中國有時還未及往，就想復。講「天人合一」可以，但不要無往而復，不要走向極端，走到不要科技，不要現代文明。

劉夢溪：國內一些談論後現代的文章就潛伏著這種危險，容易造成一種印象，以為現代性的建構既然有那麼多弊病，為什麼還那樣急切地追求實現現代化？因此有人試圖尋找一種途徑，既能夠實現現代化的目標，又可以避免現代化的弊病。我想這種途徑是找不到的。

余英時：不會有這種方便的途徑。我認為這裏有一個敢不敢面對真實世界的問題。一個有勇氣的人文學者，在現實面前絕不採取逃避的態度，就是醜惡，也要面對。事實上，逃也逃不掉，你迴避它，它卻要追趕你。「閉門家中坐，禍打天上來」。躲是躲不掉的。只有敢於面對它，才能超越它。平常心，「頭

痛醫頭，腳痛醫腳」，就是最高境界。何必離開眼前的問題，另外幻想「天地境界」，用以安慰自己。

怎樣看「文化中國」的「三個意義世界」

劉夢溪：這次由哈佛東亞語言與文明系和燕京學社召開的「文化中國：詮釋與傳播」研討會，提出的問題很多。會後我與杜維明教授做了一次訪談，主要圍繞「文化中國」與儒家傳統，我提出了一些問題，其中也涉及「文化中國」的三個意義世界。您怎樣看「文化中國」及「三個意義世界」的概念區分？

余英時：「文化中國」的概念是可以的。基於某種特定情況，它不講政治，也不講經濟，突出文化，希望有高度的精神生活，當然有文化中國。問題是要避免士大夫式的清談。至於「三個意義世界」，我想是有問題的。說中國大陸是「第一意義世界」，但中國大陸在文化問題上存在問題最多。相反，被稱做「第二意義世界」的香港和臺灣，對中國文化保護得反而比較好，比大陸還要重視傳統文化。海外為「第三意義世界」，內

容待分曉。是指學者的中國文化研究，還是指那裏生活的一部分？外國人研究中國的包不包括在「文化中國」之內？如果包括，那麼中國或日本研究西方文化的是不是也可以算作西方的另一個「意義世界」呢？

劉夢溪：現在中國大陸與香港與臺灣的文化交流多起來了，「文化中國」的不同意義世界在互相影響，特別便於傳播的大眾文化，包括影星、歌星、通俗文學，走在了交流的前面。深層的學術與文化研究，思想和學理的創造，彼此之間的交互影響反而不那麼明顯。

余英時：這不奇怪。如果按剛才說的「文化中國」的範圍，那麼在第一、第二兩個世界，我以為思想理論是貧弱的，很多問題在學理上說不通，尤其缺少富有創見的思想家。這說明需要更大範圍的交流，與全世界交流。也許「第三意義世界」的中國文化研究，因為不在「此山中」，反而觀察得比較清楚，研究有的反饋到頭兩個世界，還會產生某種作用？但即使有作用，這種作用也只是思考反襯的作用，碰得上才有真實的用處，否則不過是一堆符號，只能擺放在圖書館的書架上。

學術立足和知識份子的文化承擔

劉夢溪：我對您說的中國缺少富有學理創見的思想家抱有同感。思想家不同於學者。學者可以有通人之學和專家之學之分，思想家卻必須是通人。思想家還必須有系統的學理支撐。在中國的條件下產生思想家是比較困難的。不過思想家也好，學者也好，都應該有文化擔當的意識，應該以學術立足。近百年來的中國學人，凡是以學術立足的，終於站住了。許多不以學術立足的，歷史就沒有給他們留下位置。

余英時：單純的學術立足也是不穩的。事實上，「五四」以來的學者中，真正在學術上立得穩的並不是很多。以陳寅恪為例，他的著作對讀者特別有吸引力。能做到這一點，有先決條件，就是所賴以立足的學術必須是能正面承擔苦難的學術，不是花花草草的學術。陳寅恪的學術具有文化承擔力，他告訴人們一種境界，知道怎麼活。《贈蔣秉南序》說自己「默念平生固未嘗侮食自矜，曲學阿世，似可告慰友朋」，並特地標舉歐陽修撰《五代史》「貶斥勢利，崇尚氣節」，就是為他心目中的學者境界下了一個界說。

劉夢溪：陳寅恪的文化承擔力是無與倫比的。他說王國維是為中國「文化精神所凝聚之人」，是「為此文化精神所化之人」，其實他自己正是這樣的人。陳比之於王，在這方面甚至還要過之。也許通人之學一般是有承擔力的，專家之學卻不一定做到這一點。

余英時：是的。通人之學給人以遠大的眼光，不會為眼前的苦難所挫折，不是一遇到困難就感到天地道斷。像愛因斯坦，他的承擔力有多大！司馬遷，為生民立命。顧炎武寫《日知錄》，目的很明確，就是經世、明道。專家之學則不具備這樣的眼光，因此也不可能有那樣的承擔力。當然我們也不應該輕視專家之學。任何時候通人總是少數。專家尚且難得，何況通人！

「經世致用」有無負面影響

劉夢溪：中國學術歷來有講究經世致用的傳統，特別顧炎武對此一傳統有大的發揚，對後世影響至深至巨。這一傳統無疑是積極、正面的，應不成問題。但今天重新回觀、反思中國學術

史，是否需要提出一個問題，即過分強調學術的致用方面，是
否對學術的自主獨立存在負面影響？王國維在《國學叢刊》的
序言裏特地辨明，關於學問的有用和無用的提法，是不知學
之論。

余英時：學術獨立是個重要問題。中國學術裏邊的確缺少為學
術而學術的精神。但顧炎武的經世思想，是反對空疏的學術，
主張學術思想歷史化，凡實在生活中的問題必窮源溯本，一一
求得書本的印證。他這樣做也為的是求知識，因此就個人來說
還是獨立的。他的工作、思想都是獨立的。學者自己宣稱的和
實際做的不一定完全相同。

劉夢溪：經世思想在中國傳統學術裏面顯得特別突出，顧炎武
之前一直有這個傳統，只不過顧炎武作了個總結，把它強調到
空前的高度，並造成一種氣候，成為明清之際學術思想的主
流。這種情況固然有反彈明代王學末流的空疏學風的指向，但
過於看重學術的目的性，把學術只作為一種手段，不知道學術
本身也是目的，是否也有局限性？可否認為，只有把學術本身
當做目的，才有可能實現傳統學術向現代學術的轉化？

余英時：恐怕光從手段和目的關係來區分傳統學術和現代學術

還不夠。對一個學者來說,當然可以說學術是目的,但不要忘記,學與術相連也反映學術必然有自己的目的性。純功利主義的學術我不贊成,但學以致用是必要的。可是話說回來,一切都講用,像顏習齋那樣,就不成其為理論了。

　　至於中國傳統學術向現代轉化的問題,實際上經歷了一個相當長的歷史過程。

中國學術的道德傳統和知性傳統

余英時:現代學術的一個特點是追求知識性。但中國傳統學術是道德的。孔子一直把「仁」放在「知」的前面。「人而不仁如禮何?人而不仁如樂何?」到了清代,特別是清中葉樸學興起,中國學術的道德傳統開始向知性傳統轉化了。當漢學家在故紙堆裏徜徉時,早把「仁」拋在一邊了。他們認為「仁」就在「知」裏面。因此清代樸學已經有了現代學術的萌芽。但如何評價這一轉變,便難說了。我只是指出這個現象而已。

劉夢溪:《中國文化》第六期上,有我寫的一篇專論《文化託

命與中國現代學術傳統》的文章，其中把學者的思想自由、自
覺地追求學術獨立和吸收了二十世紀以還的新的科學觀念暨方
法，作為現代學術的一些主要標誌性特徵。由於文章題旨的限
制，沒有回溯中國傳統學術的內在理路，您今天談的道德傳統
向知性傳統轉化的問題，是學術史流變的非常重要的問題，對
我的啟發非同一般。

余英時：你概括的幾個特徵都是對的。但學術獨立應包括知識
的獨立性，這表現為一種求知的精神。清朝沒有像樣的思想家
不錯，但在知識的建構上大大超過前代。我說的是清中葉，
道、咸以後，學者太關切現實，反而忘了大本大源。以龔自珍
之說，「道問學、尊德性」，中國長時期都是以「尊德性」為
主，到了本朝變而為「道問學」為主了。宋明理學是「尊德
性」的最後階段。西方的現代是脫離宗教，中國的現代是脫離
道德。

劉夢溪：這很警闢。學術思想的轉變有內在依據，有外部條
件，兩者缺一不可。乾嘉漢學已經有了現代學術的萌芽，但後
來又中斷了，晚清的經今文學走上了實用主義的道路，時代往
前走了，學術反而後退了。可是後退中也有上升，很快就與新
學結合了。

余英時：這樣說也可以。我強調的是內在轉化。清代學術，戴震、章學誠已經開始轉化了，那個時代已經有了學術的新方向。戴震早年受族長的欺壓，有直接經驗，才發現那個「理」有問題。鑿壁偷光可以，但不能總是借光，自己永不發光。道、咸以來，一直是借光，毛病就出在這裏。

劉夢溪：中國古代思想有不重視知識論的傾向。

余英時：是這樣。中國古代的思想不是建立在知識論的基礎上，而是與實際相連接，偏重實用。這也造成理論思維比較弱，知識份子的地位不牢固。陳寅恪與吳宓談話，說中國哲學不算高，指的就是知識論和形而上學的貧弱。陳寅恪的力量，以我的看法，一部分來自西方的知識論。

中國傳統社會的「公領域」和「私領域」

劉夢溪：陳寅恪說中國人擅長政治和實踐倫理學，與羅馬人很相似。這種情形有長處也有短處，長處是對事情的利害得失觀

察明澈，深諳修齊治平之旨，短處是缺少深邃的幽緲之思，重視合目的性，不重視合邏輯性。

余英時：中國傳統思想重視實行。「修齊治平」四者並提，前二者是個人的，後二者是公共領域。有前者，才有後者。這是儒家的基本看法。儒家思想有這個作用，它劃清了公與私的界限。西方講公領域和私領域，修齊、治平，恰好是這兩個領域。但西方的這兩個領域分得比較清楚，《大學》的修齊、治平，一貫而下，似有公私不分的傾向。是不是所有的人，所有的家，都修了齊了才能治國平天下呢？這似乎說不通。《大學》是先秦的作品，修身齊家大概是指諸侯、卿大夫之類。在現代，甚至秦漢以來都說不通了。譚嗣同曾質疑於此，認為「家雖至齊，而國仍不治；家雖不齊，而國未嘗不可治」。這個質疑恰和我相同，且先我而發，不過我最初不知道他有此說。還有權利與義務，中西也不同。中國傳統思想是講義務的，特別對公益、公共事業，要求盡自己的義務。盡人倫，就是從義務開始。儘管中國古代缺少權利這種觀念，可以想像，另一方面，權利也不是沒有可能從義務中產生出來。

劉夢溪：中國的文化傳統是實現現代化的「障礙」，這樣的思想現在很少看到了。但確有一個問題，就是傳統思想的一些命

題如何與現代銜接的問題。有的研究者，如林毓生先生提出傳統的現代轉化的問題，初意當然非常好，概念的選擇也切中命題，但究竟如何轉化，是理念分疏問題還是具體操作的問題，不容易使人得到要領。

余英時：傳統是在不斷闡釋中存在的。經過闡釋的傳統才是有生命力的傳統。我希望尋找傳統與現代銜接的內在理路。如果說有轉化，也應該是以內在轉化為主。沒有內在轉化，外面的東西是進不來的。過去許多人所作的是從傳統中理出現代的成分，這並不夠。僅僅停留在文字層面上的轉化，是轉不出來的。

中國歷史上的商人地位和商人精神

余英時：你在信中對我的《中國近世宗教倫理與商人精神》一書有所異議，認為問題的關注點不明確。其實我這本書的寫作，就是尋求傳統思想內在理路的一種嘗試。中國知識份子一直有輕商的傾向。統治者也輕商、抑商。原因是商人周流天

下，很難控制，不像農民那樣好控制。漢朝第一個打遊俠，其次是打商賈。當然也不是都不理解，司馬遷就寫了《貨殖列傳》。明清以後情況發生了變化，商人的社會地位有所提高。

劉夢溪：儒家的「義」、「利」之辯有些絕對化，這對後世影響很大。我最早是在《知識份子》雜誌上看到您的《中國近世宗教倫理與商人精神》，後來成書後沒有看到。文章中引用明清商業發展的一些資料，國內比較熟悉，因為史學界討論資本主義萌芽問題持續時間很長，影響面大，我個人由於研究《紅樓夢》的歷史背景對這個問題也有所涉獵，不清楚您講思想史為什麼要集中引用這方面的材料。

余英時：讓我先說明一點，我對中國史上的商人一向有興趣，1967 年出版的英文書便是漢代的貿易與帝國擴張。大陸史學家關於資本主義萌芽問題的討論，對史料的收集是相當可觀的。這場討論使我們對明清社會經濟史的大體面貌有了比較明確的認識。還有日本史學界對明清工商業發展狀況的分析，也非常有用。我在序言中特別聲明：「如果沒有中日史學界所共同奠定的研究基礎，我這部專論是寫不成的。」但大陸的討論有一個致命的弱點，即結論是預設的。我的研究不是用這些材料證明一個現成的結論，比如中國為什麼沒有發展出一個資本主義社

會，而是想探討明清商人的主觀世界和傳統的儒、釋、道思想究竟有什麼關係。但是我也發掘了許多前人未注意的新材料，並非用中日學者已發表過的東西，因為我關注的問題不同，材料範圍自然也不可能一致。

劉夢溪：您這本書的寫作和韋伯的理論有直接關係麼？

余英時：韋伯的《新教倫理與資本主義的精神》所提供的範例，對我有參考作用。我提的問題可以說是韋伯式的，為的是尋找宗教信仰與經濟行為之間的關係。但韋伯對中國宗教的看法我不能完全同意。我在書中所敘述的，是中國自己的宗教倫理與社會變遷之間的關係。所以我講到王陽明，此人思想──王學的建立，與商人興起有極大關係。他在晚年給一個「棄儒就賈」的商人寫墓表，在另外的地方提出了「雖終日作買賣，不害其為聖賢」，這方面的材料非常重要。王陽明是從士大夫往下層社會走。天理和人欲，這兩個概念的提出，主要是希望治人者、管理者要減少欲望，盡量用天理去控制欲望。這裏天理是公位。人權的概念可以從中導出來。反對「以理殺人」的戴震是中國最早呼籲人權的人。

劉夢溪：您在書中舉的明清以來商業發展的一些例證，和由此

引起的意識形態的相應變化，還有商人社會地位的變化，是不
是對今天也有某種參照意義？學術研究在商業社會的處境常常
很尷尬，您怎樣看這個問題？

余英時：我從事學術研究的現實立足點始終是清楚的。但我反
對亂套，用外國的東西套中國的不好，用古代的套今天的也不
好。我傾向於注重中國人過去怎樣生活，現在怎樣生活，站在
今天來找它們之間的銜接點。

如何看待歷史上的清朝

劉夢溪：影響中國歷史發展的因素很多，其中農民起義和農民
戰爭是一個方面，另外還有生產力低下的民族入主，這兩個因
素對中國歷史的影響不能輕看。元朝和清朝是兩個典型。清朝
的經濟、商業、手工業工廠的發展，是沒有問題的，特別江南
一帶。社會的變化也能看出來，《紅樓夢》等小說寫的內容可
作為證明。但清朝問題也最多，現代中國的許多問題與清朝的
狀況有直接關係。不知您怎樣看清朝的歷史地位？

余英時：清朝有幾個特點，與歷史上的各朝各代都不同。一是清朝沒有宦官問題；二是沒有外戚問題；三是有一個宗室集團，可以叫做滿族黨；四是清朝的統治術是很厲害的；五是清朝的社會結構脆弱散漫。有組織的統治集團用政治強力對待無組織的社會，容易造成社會結構的脆弱。清初遺老如顧炎武、黃宗羲、王夫之等，都講要復「封建」，就是看清了社會上沒有有組織的力量，足以與征服集團抗衡。至於清朝的學術文化，我們已經探討過了，在內在理路上最後是向現代逼近。

劉夢溪：前些年高陽來大陸，我向他請教過這個問題。他對清朝歷史有很深入的研究。他的清宮小說，愈寫到後來真實歷史的成分愈多。他對清朝情有獨鍾，高度評價清朝的歷史地位，說那是第一流的。但我對這個問題始終未獲正解，而且有較多保留。

余英時：我對清朝的評價也不低。以康熙來說，中國史上很少皇帝可以比得上他。長期以來，我們承繼了晚清反滿的意識，又處在民族危機之中，害怕被外族征服，因此對清朝便不免有太深的成見。漢族王朝便一定對自己人好嗎？我看明朝便不及清朝。

東西方史學觀念和研究方法的異同

劉夢溪：還有一個問題。英時先生您是歷史學家，我注意到您的研究在大多數情況下採用的都是史學的立場。您能不能談一談中外史學或者說東西方史學，在觀念和方法上有哪些相同的地方和不同的地方？

余英時：史學本來是一個。中西史學相同的地方是很多的。史學的輔助學科，比如工具與材料，都必不可少。相比之下中國的史學作品更豐富，史學意識更發達。因為中國史的連續性很大。到清代，經學都史學化了。而西方的經典，後來是俗世化。中國古代史學發達，西方史學近二百年有很大的發展。在史法上，西方傳記史學佔很大比重，特別是心理分析的方法，用的很普遍。但毛病也不少，可以說求之過深，又有決定論的傾向，與社會經濟史學的決定論並為西方史學研究上的兩大支柱。中國有褒貶史學的傳統，但褒貶史學有局限，容易流於道德史學。這在古代有其特定作用，在現代，便不能「讓亂臣賊子懼」了。又中國原始史料和檔案保存得太少，這是受了史學太發達的害了。

劉夢溪：史學資料太多，便不注意保存了。歷史太悠久，便不注意歷史了。事物的發達，適足以貽害事物本身。褒貶史學成立的前提，是人的良心未泯。現代人羞惡之心淡薄，史學家對歷史人物和歷史事件的褒貶，引不起當事人的切膚之痛了。

余英時：褒貶史學是不得已之法。不講心理分析，講不到深處。

劉夢溪：中國史學著作有的也有心理分析，《史記》的人物列傳寫人物心理寫得很好，有的已寫到人物的心理深處。陳寅恪寫《柳如是別傳》，涉及柳如是和陳子龍的愛情，涉及錢牧齋和柳如是的結合，很多地方使用的是心理分析的方法。

余英時：是的。所以陳寅恪的史學觀念、史學方法是現代的，不同於宋代史學，也不同於清代史學。他一再講的「發覆」、「發歷史之覆」，只有「發」到心理層面，才算到了家。你論述《柳如是別傳》的文章我看了，講到了陳先生的心理分析。陳先生推崇的史學家是司馬光和宋代史學，這在西方也有傳統，研究生做宋史的題目很多。日本漢學對歐洲有影響，它做的題目小，西方人直接接受。中國一些史學刊物信息不靈，形成題目重複。學術上，不管世界潮流，關門研究不行。

劉夢溪：陳寅恪先生的「在史中求史識」的觀念很重要。中國大陸史學界一個時期盛行「以論代史」的傾向，結果造成史學的空洞化。現在這種風氣有了改變，研究者知道了從小處入手的重要性。但用觀念宰割歷史的現象仍然存在。史前史的研究臆說很多，《中國文化》一般不敢發表這類文章。《柳如是別傳》遇到史實不清楚的地方，寧可闕如，也不用主觀去填補。

余英時：我知道大陸有「以論代史」、「史論結合」、「論從史出」這類提法。我的看法，「以論代史」固然要不得，「史論結合」也不足取，只有「論從史出」差強人意，但又不能算是史學研究的正宗了。不過就中國大陸來說，問題並不是理論太多，主要看是什麼理論。最怕的是拿洋東西唬人。西方史學理論有許多流派，這些東西用於中國史研究，有的有用，有的沒用。普遍性高的有用，特殊的沒用。沒用的也有用，它的框架、方法可以帶來啟示。史學理論是很嚴格的。陳寅恪先生研究隋唐制度，建立了自己的理論。

最要不得的是影射史學

余英時：最要不得的是影射史學。歷史有現實的啟發，是不成問題的。但影射則進退失據。對一個史學家來說，道德化的態度對待歷史都不對，更不用說用情緒化的態度來對待了。也不獨歷史學，在任何客觀的研究面前，都需要科學的態度，避免感情的摻入。古史研究難，更要嚴格，因為材料太少，否則容易武斷。

劉夢溪：史學家的立場、態度如何體現在著作中，是個需要探究的課題。寫得好的史學著作給人以身臨其境的感覺，拉著你跟著作者的態度走，使你身不由己地是其所是，非其所非。

余英時：史學研究的領域很寬廣，有各種專門史，切入的角度、態度各有不同。思想史的研究有一個問題，涉及到秩序與思想，作者絕不能認為凡是站在反抗一邊的就是好的立場。總要有個秩序。當然秩序是可以變化的。二十世紀的大問題是各種決定論。

文化的問題在社會

余英時：講到清朝，有一個問題值得深思：清入關以後，社會並沒有變化。《清代日記彙鈔》這本書裏記載的許多事情，可以證明這一點。這非常重要。當社會不被摧毀，文化是催毀不了的。臺灣、香港、新加坡，雖然受到了西方文化衝擊，但社會也沒有被扭曲。臺灣於 1895 年被日本拿了去，成為日本的殖民地，到 1945 年才回歸，這期間社會也沒有激烈的變動。社會不被破壞，文化就會得以保留，現代化與民族傳統的銜接問題就好解決了。日本明治維新也是不破壞社會，所以它走向現代化走得很順利。臺灣和香港都未經過暴力革命，舊文化保存得也最多，但反而在現代化方面成績最好，這是很值得研究的一件事。

劉夢溪：您講到了要害處，恐怕這是當前中國文化問題研究的最主要的癥結點，研究者的精神困境也許可以從這裏走出來。我在哈佛會議上提交的論文，講到了近百年來家庭的解體，宗教與學校失卻了傳衍傳統的功能，但沒有從社會遭到破壞的角度加以說明。曾國藩的重建傳統的活動，當時所以有成效，看來與清代社會沒有被破壞有關係。而現在的重建的努力所以困

難重重,不排除是由於社會遭到長期破壞的緣故。

余英時:家庭解體是社會解體的主要標誌。熊十力都講家庭是
萬惡之源,很讓人感到意外。家庭沒有了,教育沒有了,宗教
沒有了,社會靠什麼存在?社會解體,如何整合?社會不能整
合,文化整合豈不成了一句空話?關鍵在於一個良性社會的建
立。所謂良性也是相對的,主要是要有一個公民社會,而不
是追求人間天堂。近代以來不斷追求人間天堂,結果是一大災
難。道高一尺,魔高一丈。道能制魔就行了,不必企望沒有
魔。社會不能通體透明,不能都滿意。如果太滿意,就太無聊
了。李商隱的詩:「嫦娥應悔偷靈藥,碧海青天夜夜心。」如
果每個人都不死,那是最大的悲哀。所以中國神話中,有人成
了仙,仍然不肯上天,要留在地上。

社會的問題在民間

劉夢溪:您的文化與社會關係的這番論述,我看可以引申到對
傳統社會的解釋。中國歷史長,發展遲緩,是不是與社會有某

種保持完型的能力有關。比如說農民起義對生產力有破壞，但並不破壞社會；不僅不破壞，循環往復的結果，實際上成了封建社會機制的自我調節器。各個朝代的統制，寬嚴不盡相同，家庭結構的網絡始終結得很緊密。而且長期保持私人講學的風氣，民間宗教又很發達。這諸多方面的因素，使得傳統社會成為文化滋生和沉積的有利土壤。

余英時：可以這樣解釋。中國歷史的特點，主要是各個新興的王朝都不去刻意破壞原有的民間社會。有民間社會，就有民間文化和民間信仰。有了民間信仰，你所擔心的傳統傳衍的問題，就好解決了。民間信仰是最無害的。因此打爛菩薩，再愚蠢不過。我在日本，看見各種古怪的信仰都有，但日本何嘗不能現代化。信仰問題只能聽其自然演變。中國近代知識份子專好破迷信，其實自己信仰的所謂「科學的」一切比民間迷信還要幼稚。記得潘光旦寫過一篇文字，叫《迷信者不迷》，是為民間信仰辯護的，很有眼光。孫中山講四維、八德，胡適反對。我是同情孫的。民間道德習俗不好去破壞，破壞了就難恢復。你以為是用科學思想掃除迷信，其實是用假信仰代替真信仰，社會秩序反而解體了。

劉夢溪：我注意到，您的著作中反復出現孔子的「禮失，求諸

野」這句話。

余英時：孔子的話很深刻，有春秋時期的具體針對性，也適用於後來的社會。民間還流行一句話：「天高皇帝遠。」老百姓的事情，皇權控制不到。民間社會存在，這個社會就有希望。華僑社會比較保守，保存了不少傳統價值，也是這個道理。明朝是專制制度的高峰，但王陽明的門徒輩都不談政治，談致良知，讓每個人自己決定是非，不以朝廷的是非為是非，結果他們在民間社會有相當大的影響。再加上商人力量的支持，下邊的社會反而有了發展。民間文化也興起了，如小說、戲劇之類。明朝很多知識份子都不曾出仕，他們眼光不再向上看朝廷，反而低頭看社會，和民間文化打成一片。政治老虎儘管發威，我避開就是了。但是如果民間社會被消滅了，或者壓得一點空間都沒有，那就真是「天柱折，地維絕」了。不過這樣以暴力硬壓的日子究竟維持不了太久。文化生命比任何政治組織都要長得多。

跋語

　　這篇訪談錄寫到這裏該收筆了。我與英時先生交談的內容遠不止這些。沒想到剛整理出十五個問題就佔去這許多篇幅。關於歷史上的相權問題、「五四」的歷史經驗和知識份子的邊緣化問題、學術論著的文風和文體問題，以及英時先生今後的研究計劃等等，交談中均有所涉及。我們還談到了一些有趣的人和事。英時先生對郭沫若先生的有些著作和為學方法頗有疵議，不久前曾寫過一篇批評文字。他問及我的意見，我說當郭沫若晚年的時候我見過他，我和他女兒是同學，因此如果不正面談這個人物，在我於心有所不忍。英時先生對我的態度表示理解。他對馮友蘭先生晚年寫的《三松堂自述》，也有自己非常深到的看法，但他在夏威夷朱子會議上與馮友蘭先生曾見過一面，還見到了馮先生的女兒作家宗璞，他說他看法儘管有，卻不便寫文章公開批評了。

時 間 ／ 1992 年 9 月
地 點 ／ 哈佛大學燕京圖書館

「文化中國」與儒家傳統

杜 維 明 教 授 訪 談 錄

杜維明小傳

　　杜維明‧祖籍廣東南海，1940 年生
於昆明。1957 年入臺灣東海大學，
師從徐復觀先生，亦受唐君毅、牟
宗三先生思想的影響，1961 年畢
業。1962 年獲得哈佛─燕京學社
資助赴美留學，在哈佛大學相繼取
得碩士、博士學位。自 1968 年始
先後任教於普林斯頓大學、加州大
學伯克利分校。1981 年任哈佛大學
中國歷史和哲學教授，並擔任該校
宗教研究委員會主席，東亞語言和
文明系主任。1988 年獲選美國人文
社會科學院院士，並應聯合國邀請
參加為推動文明對話而組建的「世
界傑出人士小組」。1996 年出任哈
佛燕京學社社長。1990 年借調夏威
夷東西文化研究中心，擔任文化與
傳播研究所所長。2008 年受北京大
學邀請，創立北京大學高等人文研
究院。

作為「儒學第三期」的主要推動者，杜維明長期致力於闡釋儒家倫理，以世界文化多元發展的眼光審視儒家傳統，並致力於不同文明之間的溝通與對話。他的主要著作有《行動中的新儒家思想 —— 青年王陽明》、《「中」與「庸」—— 儒家的宗教性》、《仁與修身》、《儒家思想：以創造性轉化為自我認同》、《道、學、政 —— 論儒家知識份子》等。2001 年，五卷本《杜維明文集》出版。2001 年和 2002 年分別榮獲第九屆國際「李退溪研究會獎」和聯合國頒發的「生態宗教獎」。2009 年獲得第一屆「孔子文化獎」。2013 年榮獲首屆「傳播中華文化年度人物」。

「文化中國」的內涵和定義

劉夢溪：我這次來哈佛參加「文化中國：詮釋與傳播」學術研討會，啟程之前就有一個心願，希望在會議間隙有機會與杜先生就「文化中國」和儒家傳統問題，作一次訪談。1980 和 1985 您兩次在大陸較長時間的講學活動產生了影響，我當時因為有另外的課題，未獲聽講，但您的關於第三期儒學發展前景的文章，我大都拜讀過。八十年代中期大陸興起的文化熱，您實際上起了助波引流的作用。現在「文化中國」的概念在海外流行起來，可否請杜先生對這一概念的內涵和定義作些說明，然後我們再探討一下文化與傳統的關係以及第三期儒學的發展問題。

杜維明：「文化中國」這個概念所以能為人們所接受，一方面由於中國的人文學者的學術目標之一，就是通過對中國文化的研究來建設一個現代的文化中國；另一方面，這個概念所包括的內容具有超越性，站在不同位置的人容易找到共同語言。文化中國的內涵是與地域、族群、語言等聯繫在一起的。具體地說，可以分成三個世界：一是中國大陸，包括臺灣、香港，這是文化中國的第一意義世界；二是世界各地的華人，為第二

意義世界；三是各國研究中國文化的學人，不妨看作第三意義
世界。「文化中國」的論說，開始是在 1991 年 2 月，由夏威夷
的東西中心邀請各方學者研討。從那以後，北美舉行了四次會
議：一是 1991 年 5 月的「從『五四』到『河殤』座談會」，在
普林斯頓大學；二是 6 月的夏威夷的知識份子座談；三是 1992
年 2 月在哈佛舉行的「定義與前景」講座；四是討論「思潮及
取向」，也是在普林斯頓，時間為 1992 年 5 月。1992 年 7 月在
洛杉磯舉行的「世紀之末的中國人」研討會，也接觸到類似的
課題。

　　這幾次有關「文化中國」的會談，提出了不少值得深摳
的問題，如知識份子的邊緣化、民間社會、多元文化、中心價
值，以及傳統的現代轉化、批判的繼承、啟蒙心態的文化反
思、激進與保守、現實與理想、公眾空間、責任倫理和溝通理
論等，我在這次會議的引言裏提到了這些問題，當然沒有可
能逐一闡述。貫穿這些課題的思路是如何化解在思想界因民主
建國與民族認同互相對峙而引發的暴戾之氣。換句話說，作為
民族認同的儒家傳統和作為民主建國不可或缺的自由思潮能否
有健康互動的可能性？而且「文化中國」與資本主義和社會主
義尖銳對抗消失後的世界新秩序有密切關係，在這種情況下，
我們文化工作者應該提出一些言之成理、持之有效的論點，為
「文化中國」的公眾領域創造各種發議的空間。

「文化中國」的精神資源

劉夢溪：這樣看來，「文化中國」概念的提出和圍繞這一概念
展開的論議，實際上體現了現代知識份子的擔當感。我主編的
刊物叫《中國文化》，但「文化中國」這一概念的內涵和理路
與我們的辦刊宗旨並無隔梗。我在《中國文化》創刊詞中曾申
明：「文化比政治更永久，學術乃天下之公器。」目的是申揚
學術與文化的超越精神。「文化中國」的概念，也可以說包含
有觀察中國問題的超越精神。我注意到，杜先生最近一個時期
對「文化中國」的精神資源問題，似乎格外關注，站在《中國
文化》編者的立場，覺得這是尤其能引發我們興趣的問題。

杜維明：我對「文化中國」的精神資源問題的確比較關注，因
為我多年以來所致力所研究的主要是這方面的問題。不過在這
個問題上應該消除一個誤解，以為我主張儒學是傳統思想文化
的主流。「文化中國」的精神資源是極為豐富的、多元的，儒
家思想只是其中的一部分，我個人並不接受儒學主流說。歷史
上的儒家，從孔子開始，是非常艱苦的奮鬥過程。漢武帝獨尊
儒術，但其他思想很活躍，獨尊只是意願。魏晉到唐，經學傳
統在發展，社會政治制度的許多方面儒家影響較為集中，社會

思想則是道家和佛教的天下。唐代第一流的思想家很少有不與佛道結緣的。當時最受上層尊重的知識份子是玄奘。所以韓愈才大聲疾呼，說孔孟以後的道統中斷了。如果儒家思想一直是傳統思想文化的主流，韓愈就不需要寫《原道》了。

劉夢溪：我非常贊同您的看法，以前不知道杜先生對這個問題是這樣看的，確實有誤解。去年在南京召開「中國傳統思想文化與二十一世紀」研討會，我提交的論文是《論陳寅恪先生的文化態度》，但在演講時，主要針對傳統即儒學的儒學中心說作了辯駁，後來香港《明報月刊》刊出了我的演講，題目是《傳統的誤讀》。陳寅恪先生在《馮友蘭中國哲學史下冊審查報告》裏就說過：「二千年來華夏民族所受儒家學說之影響，最深最矩者，實在制度法律公私生活之方面，而關於學說思想之方面，或轉有不如佛道二教者。」

杜維明：正是這樣。所以我認為「文化中國」的精神資源是多資多源，而不是少資單源，儒學只是其中的一支，當然這是特別重要的一支。

文化傳統與傳統文化

杜維明：儒家的包容性是無可懷疑的。最突出的例證是利用佛教資源加以內化，豐富了自己，產生宋明儒學。不過在講宋明儒學之前，我們不妨先談談文化傳統和傳統文化這兩個概念。有人主張對這兩個概念要區分開來。張光直先生做的那部分自然是傳統文化，因為考古發掘直接接觸的是文化積存。而文化傳統更多則是今天人們所擁有的作為心理結構一部分的精神資源。

劉夢溪：這種區分看來很必要。是否可以說，傳統文化是有形的，包含的內容非常廣泛，既有精神形態的文化，也有物化形態的文化。而文化傳統更多則是無形的，至少物化形態不包括在內。

杜維明：可以這樣理解。講傳統文化，在各家中佛教的影響非常大。明中葉以後基督教也有影響。還有回教，擁有一千多萬教徒。值得注意的是民間傳統的作用。關於大、小傳統的分別就不作介紹了。大傳統是民間傳統的精緻化的成熟，它滲入到民間，反過來民間傳統又對知識份子發生影響。中國的知識份子不欺侮農民，農民也尊重知識份子。美國有的學者認為大、

小傳統之間不是互相影響和滲透的關係，而是互相抗衡，這種理論用在中國不盡符合。中國的傳統常常表現在道德日用，不是精英主義的思辨。知識份子家道中落的很多，結果是精英到民間。士、農、工、商，彼此轉業不是很難，儒生可以務農。只不過表現出人有四種價值：農耕的價值、製造器物的價值、貨物流通的價值和意義的製造的價值。士的貢獻在意義結構上，是很辛苦的。中國重農而不輕商，但反對過分突出商業資本。實際上中國的商業資本出現得非常早，漢代就有高利貸。

劉夢溪：「重農而不輕商」是重要的判斷。我們《中國文化》在第二期發表過一篇趙岡教授的文章，他提出亞當・斯密在《原富》裏闡述的控制市場均衡機制的「不可見之手」，司馬遷的《貨殖列傳》已經看到了，但孔、孟對形成市場均衡的機制卻未能觀察到。中國的文化寶藏非常豐富，但中國文化本身的特性使中國文化不容易凝結為傳統，特別是近百年來，傳統的傳衍成了問題。記得您說過中國近代歷史有許多斷層，現代中國人缺乏一種統一的、明確的、持續的歷史感，我對此深感共鳴。這次我提交的論文，就是闡發這方面的問題，所以叫《文化中國：傳統的流失與重建》。

杜維明：看得出您對這個問題有深沉的憂慮。把遙遠的傳統變

成在現實中有生命力的東西，實在是個難題。就拿儒學來說，本來是最切近的，它講的是做人的道理，人人日用，誰也離不開。十九世紀以後儒學是沒落了，但會不會出現第三期的發展，要放開眼光來看。

二期儒學和三期儒學

杜維明：儒學的第二期發展是大家都承認的，因為宋明理學與先秦儒家以及漢唐儒學確有不同。一期儒學由諸子源流發展為中原文化，二期儒學我認為是東亞文明的體現，已經影響到日本、朝鮮、越南等國家。如果有第三期發展，那就是世界性的了。關鍵是面對西方的挑戰儒學能否作出創造性的回應。

　　一個虔誠的基督教徒、佛教徒，都可以為儒學的發展作出貢獻，成為三期儒學的助力。儒學有一定的宗教性，但不是宗教，主要是一種生命形態倫理規範和生命哲學，因此它完全能夠做到與不同的思想體系對接。事實上，在中國本土不能想像的事情，日本、韓國已經出現了，這又反映出儒學傳統的多樣性。如果在闡釋儒學傳統時不一定都用漢語，還有一個轉譯問

題，弄得不好就會發生誤讀、誤導。如何把儒學傳統翻譯成各種文字，有沒有值得保留的精神資源，是一個大課題。

劉夢溪：對不起，我插入一個問題。在會議討論時您曾提到過不久前在紐約舉行一次《荀子》會讀，能不能介紹一下為什麼舉行這樣的會讀，以及西方思想界出於什麼原因如此重視荀子？在歷史上，孔子死後，儒分八派，荀、孟雖然並稱，但荀子的影響還不及孟子，漢至唐差不多一千年湮沒無聞，現在西方轉而重視荀子，其中緣由，願聞其詳。

杜維明：最近一次《荀子》會讀是在紐約進行的，二十個人左右參加，有五名研究生，一字一句，邊讀邊討論。在這之前，曾進行過《大學》會讀和《孟子》會讀。《荀子》有 John Knoblock 的英文全譯本，現在以《荀子》為題的討論在西方確很流行。至於原因，我想有幾點：一是荀子主張「性惡」，與基督教的原罪可以連類；二是在認識論上荀子提出「解蔽」，反對「蔽於一曲而暗於大理」，這很有現實意義；三是荀子的語言界限比較嚴格，有定義性，在方法學上對今人有啟示，容易把握。

　　剛才我說過了，三期儒學應該是世界性的，表現形態多種多樣。儒學傳統比「文化中國」所能掌握的精神資源還要寬泛

些，因為事實上包括了日本、韓國、越南等東亞國家，儒學在這些國家的影響有自己的特點。問題在於儒學能否對西方的挑戰作出創造性的回應，如果回答是肯定的，我認為這就是儒學的前途所在。

儒學與國學

劉夢溪：就理論認知的層面來說，我想有三方面的意思是接踵而來的，即第一、包括儒學在內的中國傳統思想文化，近百年來一直在面對西方現代思潮的挑戰；第二、中國傳統思想文化在如此巨大的挑戰面前，處於一種什麼樣的態勢，是否已經或者能不能作出創造性的回應；第三、怎樣以及通過什麼方式才可以作出創造性的回應。林毓生先生特別強調對傳統要進行創造性的轉化，這次會議毓生先生又進一步作了闡釋，但究竟由誰來轉化，轉化什麼，通過什麼途徑來轉化，恐怕仍存在問題。而且包括儒學在內的傳統思想文化，特性之一是不容易操作，即使理論認知上不發生疑問，具體運作也非易事。

杜維明：是的，中國傳統的思想方式沒有明顯的工具理性的特點，因此思想文化的傳承也有自己的方式。二期儒學靠書院，三期儒學靠學術。錢穆先生是把儒學和學術結合得最好的一個。這裏涉及到傳承的能力問題，有了能力才能傳承。語言工具很重要，特別是傳統學術強調的小學的基本功，是擔任傳承的人必備的技能。清代的乾嘉漢學對傳統思想文化的承接與傳播功不可沒，在一定意義上可以說是與西方的學風相配套的，開始有了現代意義的學統。大學、報刊、一些設施，也是傳承的必要條件。至於傳承、轉化什麼的問題，只用取其精華、去其糟粕的二分判斷，嫌過於簡單。在交流中互動，不是先判定優劣，然後去取，而是融解中轉化。對待傳統也是這樣。但傳統文化中的「三綱」與「五倫」，是代表兩個互相矛盾衝突的方面，在今天要發揮「五倫」，必須揚棄「三綱」。「三綱」所要求的是君權、父權、夫權的專制，和民主不相容。「五倫」出自《孟子》：「使契為司徒，教以人倫。父子有親，君臣有義，夫婦有別，長幼有序，朋友有信。」這「五倫」都是雙軌互動、互為條件的，父親也是兒子，每一對關係都有內在延續性。「三綱」容易政治化，「五倫」主要在道德層面。道德不只要求一般百姓，更重要的是領導者，有權勢、掌握精神資源的人，要自我約束。怎樣把「三綱」、「五倫」區分開來，而有所取資，是一件細緻的學術工作，不僅新儒學，也是知識份子的

共同課題。處理好儒學和國學的關係，在學術界有了基礎，就便於拓展了。

劉夢溪：陳寅恪先生在《王觀堂先生輓詞》的序裏曾談到中國文化的定義，認為班固《白虎通》裏面的「三綱六紀」之說，表現出抽象理想的最高境界，在傳統社會，「三綱」和「五倫」是不能分離開的。但綱紀作為理想的抽象物，必須以一定的社會制度為依託，那種社會制度不存在了，也許如您所說，「三綱」和「五倫」可以試加分離。

杜維明：是這樣，我們從這裏可以引出儒學與現代性的課題。

儒學與現代性

杜維明：如同儒學傳統是多樣的而不是單一的一樣，現代性的表現形態也不是只有一種。所以我強調工業東亞的經驗。過去是異根而發，到二十世紀七八十年代，工業東亞一些國家的現代性，在經濟結構、文化心理上有相通的一面，而與歐美

等西方國家相當不同。本來在六七十年代學者們一致認為：現代性這一概念應包括市場經濟、民主政治、個人主義三方面的要素，但現在高度文明的社會，這三個要素都可以另外考慮，如革命思潮在法國，民主主義在德國，英國的懷疑主義，美國的市民社會，思想根源不同，三個要素的具體表現也不完全相同。

　　工業東亞的現代性與上述歐美國家更有所不同。如韓國、臺灣等，不簡單是市場經濟在運作，政府的領導作用也很重要，當然政府不是採取指令性的政策，而是順應市場經濟的發展。政府是強勢政府好還是弱勢政府好？能不能有一黨民主？威權主義是否一定和民主相衝突？傳統和民主要否有共同性？工業東亞的經驗使我們不能不對這些課題重新加以檢討。至少個人主義作為現代性三特徵之一，在這裏不一定有位置。

新儒家的傳統

劉夢溪：我理解您的意思，看來您不主張把儒學的概念狹隘化，而強調傳統的多樣性和現代化的多種形態，致力於儒學和

國學的結合，在學術研究中發掘傳統、闡釋傳統、轉化傳統。那麼，是否請您談一談新儒家形沒形成自己的傳統？學術界對新儒家的概念及其涵義在解釋上甚為分歧，余英時先生的《錢穆與新儒家》一文，對這個問題作了相當深入的分疏，我們《中國文化》在第六期刊登了這篇文章，不知您怎樣看與此有關的一些問題？

杜維明：我是不希望把儒學的概念理解得過於狹窄的，所以一再講儒學傳統的多樣性。余英時先生、張灝先生都是為儒學作出貢獻的學者。按照希爾斯的觀點，延續三代就可以成為傳統。新儒家已經有三代人的努力，「五四」前後開始有一部分知識份子在西方思潮的挑戰面前，提出可否根源於儒學傳統作出回應，熊十力、梁漱溟、馮友蘭、賀麟、張君勱等做的就是這個工作，不止是一種心願，而且在人格上有所確立。抗戰以後又有一批人在做，海外尤其突出，其中雜有政治情緒性的部分已成為過去，他們的努力是屬於未來的，包括錢穆、方東美、唐君毅、牟宗三等，在思想界形成了氣候。第一代新儒家的承繼性非常強，並且受佛教的影響，特別 1922 年南京建立的支那內學院，培養、訓練了許多人，沒有這個訓練不會有熊十力。梁漱溟一直受佛教影響更是眾所周知，唐、牟也是如此。如果說三傳可以成為傳統的說法可信，新儒家就有自己

的傳統。儒學的特點在於它的承繼性。就國內學術界的狀況而言,最有影響的是不是西化派?

劉夢溪:西化派在國內並沒有太多的市場。

杜維明:如果影響大,也不能說明這一派是有根基的,因為它是與西方思想撞擊中的爆發,不是累積而成,雖有影響,卻不一定有根基。勢力大的是馬克思主義派,但這一派的缺陷是不免流於一人成神、餘者為鬼的偏頗,沒有文化危機的意識,人們接受起來不是沒有障礙。儒學經過三代人的努力,一步步在深化,總的還處於弱勢,能否有進一步的發展,取決於大家的工作。

關於何炳棣先生的批評

劉夢溪:香港《二十一世紀》雙月刊發表的何炳棣先生的《「克己復禮」真詮》一文,以及您的以《從既驚訝又榮幸到迷惑而費解》為題的回應,國內外學術界為之矚目,後來又有劉述先

先生的辯難文章，何炳棣先生又作回答，一時成為學術論爭的一個熱點，不知您是否會進一步作出回應，大家很關注。有人認為這場論爭是史學和哲學的衝突，您贊成這種看法嗎？

杜維明：我認為不是這個問題。何炳棣先生誠然是歷史學家，余英時先生也是歷史學家，但他們的共同語言很少，反而是我與余先生的共同語言多。何炳棣先生已退休了，他想對孔子的「禮」和「仁」做研究，用意可嘉，但在文章中對新儒家有一種強烈的排拒感。他認為可以找到對古典的「真詮」，在哲學領域一般是不這樣看的。有沒有詮釋的能力和詮釋的尺度，這兩者不同，但何炳棣先生混淆了。詮釋總是相對的、無限的，不可能只此一家，但多種多樣的詮釋中，有影響的又是少數幾家。站在哲學的立場，追求「真詮」是危險的。現代解釋學的一種理論認為，已經發生的事情便不能複製。

劉夢溪：中國傳統詩學有「詩無達詁」的說法，很接近現代解釋學的本義。

杜維明：是這樣，所以「真詮」這一概念對解釋學來說，顯得相當無力。就一個學者而言，學術層次的高低比正誤更重要。孔子的「克己復禮為仁」，「文革」斷句強調「克己復禮」，少

了「為仁」，不是選擇，而是肢解了。

對這次會議的評估

劉夢溪：最後，我想請杜先生談一談怎樣評估這次會議？與前幾次「文化中國」研討會比較，是否有新的創獲，對今後的討論有些什麼設想？

杜維明：這應該由您以及其他與會者來評估才好，我是組織者，評估起來容易產生自我主觀的看法。一定要我評估，我想有兩點比較突出：一是這次會議真正達成一種共識，即把傳統當作了資源，承認我們每個人都是傳統的受惠者和開發者，應不應該做沒有爭議了，問題是怎樣做；二是知識份子的自我定位問題。蕭萐父先生提出的把「文化中國」當作多元的、開放的、有內部張力和中心價值的課題，在這點上，與會者也有共識。不足之處是「三邊互動」問題沒有展開。「文化中國」的三個意義世界，作為一個文化圈，或者叫漢字文化圈或筷子文化圈，和、共、同多，利害衝突少。這個文化圈有文化的根源

性,包括族群、地域、語言、信仰,以及對女性的態度,每一方面都值得深摳。有族群才有民族氣質和愛國主義,當然又要超越、突破族群。語言,涉及到母語即漢字漢語的生命力,同時又以不同的語言為參照系,形成論說。「文化中國」的論說,可以有不同的信仰,不是討論儒學就不要討論佛教,沒有這個意思。如果對「文化中國」的三個意義世界都有深入的闡發,就能達致「三邊互動」,會議的收穫會更大。

劉夢溪:我的印象,這次會議的內容非常豐富,提出的問題比較多,雖然對牽及共通性的問題的理論闡述有待深入,但可以啟發人們的思路,為進一步探討鋪設了條件。

杜維明:是的,下一次再開「文化中國」研討會,我相信比這次會更加深入。「文化中國」與儒學傳統是個說不完的課題。

劉夢溪:我們已經談了三個多小時,好像剛剛開始,的確是說不完的題目。回國後我要把這次訪談整理出來,在《中國文化》上發表,讓更多的學術同道知道您的「文化中國」的思路。

杜維明:謝謝。

時　間　／　1995 年 12 月 3 日下午與 12 月 4 日下午
地　點　／　香港中文大學

中國現代文明秩序的
蒼涼與自信

金　耀　基　教　授　訪　談　錄

金耀基小傳

金耀基，浙江天臺人，1935 年出生，社會學家、政論家和教育家。五十年代先後在臺灣大學、臺灣政治大學獲法學士、政治學碩士。其後負笈美國匹茲堡大學，1970 年獲得博士學位。返回香港後，執教於香港中文大學社會學系，1979 年晉升教授，1983 年榮升社會學系講座教授。歷任香港中文大學新亞書院院長（1977-1985），香港中文大學副校長（1989-2002）、校長（2002-2004）。1994 年當選臺灣中央研究院院士。鹽於金先生長期服務社會並有傑出表現，1998 年香港特別行政區政府授予他「銀紫荊星章」。

金先生的學術研究範圍包括社會學、政治學、教育學和中國制度史等領域。儒學是他的學術基底，知識份子問題、中國現代化的歷史進程和未來方向，是他精深為學的重心，其成果為國內外同儕所稱道。《從傳統到現代》（1966）、《中國民主之困局與發展》、《中國現代化與知識份子》、《中國的現代轉向》（2004）、《中國社會與文化》、《中國政治與文化》、《社會學與中國研究》等，是上述相關領域研究的代表作。他強調中國的現代化是命定的，但需要從中華民族的歷史出發，認清自己在多元國際化社會環境中的定位，發展自己的潛能，為可預見的將來構建新的文明秩序。他的《大學之理念》（1983）一書廣為學苑推崇，對現代大學發展過分側重知識傳授，而忽略健全人格培養「止於至善」的目標，作了深切的反思，最能見出他的傳統性、現代性和前瞻性合一的教育情懷。

引言

金耀基教授是我非常敬佩的文化—社會學者。九十年代以來，因了各種機緣曾多次晤面。他的通明的理性精神，敏銳的藝術感覺能力，以及對時事世運的洞察，給我留下深刻的印象。1995 年 11 月初，我赴臺參加中央大學舉辦的學術會議周，並應邀到中央研究院作短期訪問。臨行前與金先生聯繫，希望返程過港時能有機會作一次專門的訪談對話。金先生慨然應允我的請求，並把時間安排在 12 月的 3 日和 4 日的兩天下午，每次談三至四個小時。還有一次晚餐也作了長談，在座的還有劉述先教授和童元方女士。所談內容比較廣泛，但主要是圍繞文化與社會問題，探討在二十世紀的大背景下如何完成中國現代文明秩序的建構。這是 1992 年我與余英時先生訪談的繼續，切入之問題亦不無前後相連帶和相衍發的關係。訪談時內子陳祖芬女士在場，她有一份比我記錄得更完整的筆錄，為嗣後整理成文提供很多方便。只是農曆丙子，肖鼠躥竄，時論忌諱訪談；加之我們《中國文化》雜誌，刊期長，出版慢，第十三期既未來得及刊出，待到這第十四期出版，已是 1997 年春天了。訪談的語境多少發生一些變化。但大背景沒有變，我們所談的問題在可預見的將來還不能說是已經過時。而且延宕

的時光為探討新的問題提供了可能性。當訪談錄送請金先生審定時，我們加了一個題尾，增補了關於香港九七回歸和前景展望的內容。此一部分記錄下來的金先生的談話，反映出一個社會學家對一個已構成世界時事焦點的熱門話題的極冷靜的觀察，語言凝重而智慧，足可驚俗警世，發人深省。為了這次訪談，金先生不只安排得周到，同時在刊佈前對訪談初稿作了大量細心的潤正、補充和釐定。這佔去他許多寶貴的時間，我在愧疚之餘謹向他遙致謝忱。

歐洲是現代化的第一個「個案」

劉夢溪：您在我個人以及一般知識界人士心目中，主要是一位文化—社會學者。當然您關心的領域比人們的閱讀印象要寬泛得多。您與其他從事同一領域研究的學人的不同之處，是您的思考更具有現實感和現代感。您的《從傳統到現代》、《中國現代化與知識份子》兩書，內地知識界也很重視。您似乎想用現代的方法解開傳統的鎖鏈，冀圖消除沉重的中國人的現代緊張。如果我的理解不錯的話，您的文化—社會學研究的背後，

一定貫注一種學術精神。請您談談您的專業選擇過程和您的文化—社會學研究的精神旨趣。

金耀基：我的研究主要環繞著中國的現代化問題。而現代化不能不碰到文化問題。對長期以來的中西文化論爭，開始我只是個旁觀者，後來也情不自禁地參與進去。但我發現，整個問題不是中西新舊文化論戰能夠解決的，它是一社會變遷與發展的問題，所以我想改變論爭的語境。這是我在三十一年前發心寫《從傳統到現代》的緣由。

　　我對社會學發生興趣，是 1964 年去美，接觸到了社會學的新理論，尤其是在哈佛柏森斯（Parsons）的理論。當時社會學理論對我有影響。所以我的《中國的現代化》那一篇，有我的樂觀性，也可以說有些過分樂觀。不過，我也對現代的有些趨勢感到憂慮。所以，我也寫了《現代人的夢魘》。但總體而言，我覺得中國必須要現代化，這是我們唯一的出路。不過當時我對現代化儘管非常殷切，可以說是擁抱現代化，但始終沒有把傳統與現代對立起來。墨西哥有位諾貝爾文學獎得主詩人巴斯（Octavio Paz）說，墨西哥是「命定地現代化」，是「被詛咒地去現代化」，可也是唯一的理性出路。中國何嘗不是如此？現代化總是會帶來問題，但這是唯一的出路。除了現代化，我們沒有別的路可走。問題只是我們應如何現代化，不是

要不要現代化。

中國向來是一個有自己特殊的文明秩序的國家。但十九世紀末葉，中國傳統的文明秩序瓦解了，需要建立一種新的文明秩序。怎麼建？從政治、經濟、日常生活，沒有一樣不在解構，也沒有一樣不需重構。當時是清末，這種變化是極為深刻的，所謂二千年來未有的大變局（**劉夢溪**：「巨變奇劫」）。王韜看到了這種變化是文明秩序的變化，不是朝代的變化。儘管很多人對中國傳統的某些方面很執著，但是也在變，不得不變。往哪裏變？現成的文明秩序擺在那裏，這就是西方的新文明秩序。需知道，西方本身的傳統秩序也經歷了強烈的變化過程。這變化先從歐洲到美洲，等到西方的現代化通過軍事與經濟敲叩中華帝國的大門時，西歐與美國已被現代化全面改造過了。現代化與西方化之所以常相混淆，原因就在這裏。說到底是歐洲先走向了現代化，在世界文明秩序裏建立了最早的一種現代性模式，這也是目前唯一的支配性的模式。由於當時西方現代化是以帝國主義、殖民主義的兇惡面目出現在中國，所以，中國一方面不得不「西化」，另一方面在心理上總有厭懼感，總有抵拒意識。

如果不出現西方的現代型的文明秩序，今日世界的情況會有所不同。因為這一個文明秩序發生了全球化的影響。今日不論在哪個城市，西方的、東方的，都有現代的東西，如機場、

五星級酒店、大學、工廠，軟件的、硬件的，相同性很大，它影響到我們整個的生活方式和思維方式。在這種情況下，作為中國的一個知識份子，不可能不為自己的國家出路思考問題。十九世紀以後，為什麼那麼多知識份子總是不知不覺被拉進大的文化論爭？從早期的「中學為體，西學為用」，到戊戌維新，無非是為國家找出路。曾國藩或者還可以說是為了清廷的利益（劉夢溪：文化的考慮成分也有，他想保持住延續幾千年的中國固有的文明秩序）。到了新文化運動，就為的是整個中華民族了。但中國之為中國靠什麼？沒有中國文化還能形成中國？為了中國的發展可以犧牲中國文化？直到今天，這些問題仍然存在，有時還會改變方式，和民族主義的問題連在一起。

劉夢溪：這有幾種情況：一種是為了尋找新的，於是便全部拋棄舊的；一種是既要新的，又要舊的，但找不到整合的途徑，陷入兩難；還有一種是為了既有文化秩序的失落而痛苦，如王國維就是這樣。陳寅恪說，越是為中國文化所化之人，當這種文化值衰落之時，便越感苦痛，所以王走向了自殺的道路。在王國維之前，梁漱溟的父親梁濟也是自殺的。

金耀基：王國維的死有深刻的個人層次的因素，當然他的選擇的文化意義不可低估。印度的甘地，也是受現代的衝擊，但他不想

工業化，為的是要保持住印度的文化認同。尼赫魯不是這樣，他也為印度，但卻推動工業化，走向現代化。胡適，絕對為中國，但他提出「充分世界化」，也就是西化。所以如此，因為西方現代的模式已經擺在那裏，成為唯一的參照系，沒有別的路好走（「五四」的知識份子是不惜去掉中國文化以救中華民族的）。直到今天，談民主、人權，爭論的也還是中西問題。新加坡處罰美國少年打屁股的事，美國人認為不文明，新加坡說美國人才不文明。整體地講，在二十世紀，西方現代的模式不知不覺地成為現代文明秩序的主導，這裏當然涉及文化霸權的問題。

文明秩序的「舊」與「新」

金耀基：今天談精神文明，首先應該問是什麼精神文明。十九世紀後，中國的固有文明遇到西方的挑戰，一敗再敗，已被中國知識份子的主幹所拋棄。1949 年以後，馬克思主義在大陸成為主流，但如果說開來，也是一種西方思想，只不過是「反西方的西方主義」罷了。而且認為在理念上已經高過資本主義，中國文化是否需要保存的問題便不在視野之內了。

劉夢溪：馬克思主義在中國的傳播，在一定意義上，是以犧牲自己民族固有傳統為代價的。馬克思在《共產黨宣言》裏的一段話：「共產主義革命就是同傳統的所有制關係實行最徹底的決裂；毫不奇怪，它在自己的發展進程中要同傳統的觀念實行最徹底的決裂。」這裏所謂的兩個「決裂」，便成了一個時期割裂和排拒民族文化傳統的正當的理由。還涉及一個流行頗久的口號，即對傳統文化要採取「批判的繼承」的態度問題。

金耀基：「批判的繼承」作為一種對待傳統文化的理念或者態度，沒有什麼不對吧？

劉夢溪：提出這個口號的初意不見得有什麼不對，問題是流行開來以後，逐漸變成了空洞的抽象。特別是和「取其精華、去其糟粕」連結起來，這種對待傳統的二分法，我同意杜維明先生的意見，殺傷力太大了。

金耀基：我的立論是不把傳統和現代對立起來的。說到底，現代只有從傳統中來，所以我三十一年前寫的書叫《從傳統到現代》。講傳統，不能不講文化，馬克思主義提出工人階級無祖國，顯然不是以文化為著眼點。從十六世紀到今天，世界的資本主義現代經濟體系形成了。1989 年後，東歐、俄國，想改變自

己的經濟模式，希望進到資本主義體系中去。中國與美國談貿易問題，其實也是進入資本主義支配的貿易體系中去。簡單說，世界資本主義的經濟體系就是西方的資本主義經濟的文明秩序。

劉夢溪：所以中國如何實現現代化，怎樣完成由傳統向現代的轉變，是個常新的課題。晚清以來這一百年，不管枝蔓出多少意外之筆，大題目、中心題旨，還是傳統向現代的社會轉型和文化轉型問題。命定地走向現代化，這個講法很深切，只是在中國道路的未免太不平坦了。

「軟心腸」和「硬心腸」

金耀基：中國現代化的路的確極不平坦，走了不少彎路。現代化的路也確是艱巨而痛苦的。二十世紀是社會轉型的過程，又是傳統解構的過程，香港、臺灣、大陸，都是如此。解構的過程也是重構的過程。解構與重構同時進行。當然談這個過程，有時會感到痛苦，這涉及到傳統價值解體、失落。中國的事，軟心腸不行，我有軟心腸，有時也只好硬起心腸。

劉夢溪：是的，傳統價值的解體，難免令人有失落感。而且許多問題不好深究。深究，會傷害所愛。打破砂鍋問到底，在學理上應該如此；在心理上，難免有所不忍。

金耀基：德國的社會學家韋伯說過，他研究社會學就是要看看自己能忍受多少，看到真相，有時是痛苦的。研究中國文化也是這樣。中國的繪畫、書法、建築，大家都知道很好，但中國文化中也有許多東西實在不好，它阻礙現代化，不能不揚棄。人應該有兩副心腸，太軟心腸，不敢面對問題；太硬心腸，對應該保護的東西不知珍惜。近年來，很多學者提出重新發掘自己的歷史，探討傳統文化是否有轉化功能。中國兩千多年的發展，當然有變化，從先秦到漢，到宋，到明清，都有不同。但根本上是農業文明沒有改變。所以清末面對西方現代文明的衝擊，許多人不知所措。某大臣看見西方輪船駛過，風馳電掣，驚悸之餘，不覺暈倒、嘔血。最初理解的現代化，都是關於技術方面的，如造炮、建船、開礦。康有為看到政治制度也不行，才有制度層次的現代化的意識。中國是政教合一（不同於歐洲的政教合一），王權至上，大一統的政治結構與歐洲不同。中國歷史上出了那麼多思想家，但沒有人懷疑過君主專制的政治形式（form）。

劉夢溪：明末，黃宗羲、唐甄等曾指出過君權氾濫的危害，有的批評得相當尖銳，甚至說周秦以來當皇帝的都是賊，當時被稱作「天崩地解」時代，很大的一股思想潮流。

金耀基：他們所講的不全算是新東西，先秦思想家就提出過。抨擊君權無限擴大，要以百姓之命為命，指出天下是天下人之天下，君主不得據以為私，這種呼籲，代不乏人，根源是民本思想。顧炎武看到黃宗羲的《明夷待訪錄》，認為三代之盛，可以徐還，即回到過去的理想境界。中國一直有一種歷史觀念，以為現在的問題是先前的理想境界被破壞了，改變現狀的辦法和出路，是如何恢復到往昔的理想境界。直到十九世紀末，在西方的挑激下，才真正思考新的政治形式。孫中山說中國四萬萬人都可以做皇帝，這就有了西方民主的觀念。在孫中山手中，中國第一次出現民主的政治形式。新文化運動，是思想革命，是對辛亥革命的補充。嚴格地說，孫中山不是中國文化化出來的人，誇大一點說，他是一個邊際人，是中西文化的邊際人，也因此，對中西文化都有一定的欣賞，對中國傳統政治，他是革命家，對中國傳統文化，他有一副軟心腸。

　　共產主義者對中國傳統文化，要決絕得多。我覺得，近人對孫中山在政治革命上的成就估得偏低。有的人以為中國不走共和革命，走君主立憲，情況會好些？這是大費思考的問題。

應指出者，中國的文明秩序，歸根結底是以政治秩序為中心的。

劉夢溪：所以中國知識份子的政治情結總是擺脫不開。

金耀基：傳統中國，每個年輕人都有一個夢，讀好書，做官。

劉夢溪：治國平天下。

金耀基：儒家的一套是建構人間秩序的理論：修身、齊家、治國、平天下。

劉夢溪：中國傳統社會雖然政治是中心，但民間的空間是很大的，始終存在一個比較完整的民間社會。特別是鄉村，天高皇帝遠，朝廷的政治觸角不一定都能接觸得到。佛教、道教思想的傳播，在民間傳播得更為廣泛。

金耀基：但國家對社會的控制力量是絕不能低估的。魏特浮哥的《東方專制主義》一書，有一章專門講「國家強於社會」，此書雖有誇張處，但它看到專制主義的本質。中國歷史上，有些朝代，中央權力確實退縮，民間以是而有空間。但整個局面，還是國家強於社會。傳統中國始終未出現過有自主性的

「市民社會」，徐復觀先生對中國的專制政治的性格談得很清楚。民間社會的作用，還是有它的制限。

劉夢溪：傳統社會的漏洞比較多，罪犯可以隱藏在民間。民間還有辦學的傳統。有的隱者也是隱在民間。

金耀基：中國有隱士傳統，知識份子、文化人，不願參與政治，退到鄉下去，漢以後有這個傳統。這種空隙，即在鄉間自己找出路，是離開政治的自由。不過，有人把中國傳統鄉間的自治狀態，說成中國的民主，便是浪漫式的浮想了。中國公務員，到清朝不會超過四萬人。從這個角度講，政府要實現全部政教，便戛戛乎難矣。傳統中國行政管理方面有空隙，但空隙不等於空間。隱藏可以，卻也不等於立足。誠然，大的知識份子，可以說立足文化於社會，但真正要與朝廷抗衡，立足就不易了。

劉夢溪：中國傳統社會的思想也有在朝在野之分。宋以後程朱的思想被朝廷認可，王陽明的思想則主要影響於下層社會。被朝廷認可的思想，作為道統，與政統、治統既相一致又有矛盾。

金耀基：道統與政統一直存在。孔子被尊為素王，是道統的代表。歷代君主都尊孔，但道統與政統的緊張性是存在的，它對政

統構成某種洗滌作用，但也要付出很大的代價。如東林黨人，作用是留下了風骨，但畢竟無法以道統來「制衡」政統。在中國有些知識份子以身殉道，成仁赴義，驚天地、泣鬼神，在道德上誠是了不起，但對政治起的影響很微弱，實在是代價大、作用小。

劉夢溪：風骨、氣節，對傳統士人是極重要的。所謂出處隱顯，最能見出一個知識份子的操守。死，也有講究。男女都可以死節，當然內涵不一樣。中國的人文傳統，離不開這些行為規範和倫理規範。

金耀基：傳統傑出士人的風骨、氣節誠然可嘉，但也帶有浪漫與悲劇的性質。是血染的風采，這不是合理的秩序所應有的，在民主制度之下，何必用血染的風采把歷史長廊染成這樣悲壯？應該是平常人、平常心、平常制度。民主其實是平常人的制度。

劉夢溪：您這番話，讓我感覺到了政治理性的力量。制度與人、理與情，有時有矛盾。中國傳統社會本身，我認為存在著多重制衡的關係。官府、民間，在朝、在野，固然有一種互相制衡的關係，作為傳統思想主幹的儒、釋、道三家，彼此之間也有一種相互制衡的關係。這種關係給知識份子以相當廣闊的個人精神空間。但這些資源怎樣在今天發用，仍然是極大的問題。

金耀基：今天的新儒家中，有些學者就在思考傳統資源怎樣在今天發用的問題。

新儒家問題

劉夢溪：臺灣思想界對新儒家意見比較大。新儒家本身似乎也陷入了一定的困境。唐君毅、牟宗三兩位先生，在新儒家中成就最突出了，分別形成了自己的理論體系。但體系化以後，自我完成了，突破也就難了。杜維明先生更注重現代社會和現代生活，與東亞經濟秩序的聯繫比較緊密，他的研究活的東西比較多。

金耀基：這個問題可以講幾點。十幾年前，臺灣《聯合報》開過一個會議。我說，提倡儒家思想，最大的挑戰是它與中國的現代化是不是「相干」。它最大的危機是變得不相干。換句話說，在中國新文明秩序的建構（現代化就是新文明秩序的建構）過程中，在人間倫理秩序的建構方面，新儒家能提出東西，就是相干的，否則就不相干。這是一種批評，也是一種期待。

　　現存的新儒家，例如杜維明、劉述先，他們了解現代化

的挑戰，他們講新儒家，直接、間接都希望與新的文明秩序的建立有相干性。講到新儒家，可以說是儒家在中國文化舞臺退隱後的「重來」。二十世紀初葉，新文化運動出現之後，學術的主流掌握在胡適一些學人手裏，儒家學者已處在邊緣位置。1949 年後，錢穆、唐君毅等先生南下香港，則不啻是在政治上、文化上的自我放逐。

劉夢溪：就中國知識份子而言，被放逐、處在中心之外，也不是壞事，反而可以在學術上獲得獨立，學風也因此會更為純正。二十世紀一些被世潮沖到邊岸的學人，今天去掉塵埃，重新評價，反而見出他們學術思想的恆在性。我個人頗同情也很理解這種處境。我在臺北，一次去士林外雙溪，這個地名使我若有所悟。我說這就是我的文化定位，我可能應該算是「士林」裏面的「外雙溪」一族罷。

金耀基：四十年代末，許多學人到了香港，香港那時無論在文化上、政治上都是一邊緣地方。但錢、唐等先生（較後，徐復觀、牟宗三先生也去了新亞）在香港辦校講學、著書立說，宣揚中國文化，蔚然成氣候；而七十年代之後，香港經濟飛躍，更成為世界金融貿易的中心。更可一提者，由於東亞經濟社會的變化，使思想界轉而重視傳統價值的思考。尤其是日本的發

展，說明傳統是可以和現代相接相容的，儒學之重來與東亞之現代化是不能分開的。儒家思想在二十世紀前居中國文化的中心位置。二十世紀初葉之後則每況愈下。嚴格言之，「五四運動」並不是完全打擊中國文化，而是對儒家的「去中心」，削弱儒家的地位。

劉夢溪：是這樣。晚清諸子學的復興，就是為了耗散、消解儒家的地位，這在章太炎身上表現得最明顯，他有一篇《諸子學略說》，專門論述這方面的問題。

金耀基：當然，在今日的思想學術舞臺，新儒家並不處於中心位置。儒學也不可能再回到傳統中國時的支配性位置。不過，一批關切中國文化生命的學者（包括新儒家），是在二十世紀儒學隱退之後（幾次重返都沒有成功），為儒學在新的歷史背景下重新發用來作學術努力，這是很有意義的。

劉夢溪：他們對儒學有虔敬之心，對傳統資源的現代作用懷有熱忱。

金耀基：聲音已經不是蒼涼，並且有自信。

劉夢溪：余英時先生的《錢穆與新儒家》，不知您怎樣看？

金耀基：余英時先生這篇文章極有分量，他對老師錢賓四先生學術思想的定位自非泛泛之論。錢先生是大儒、通儒，但他不願把自己歸為特殊定義的新儒家，這一點，我們要尊重，更值得新儒家的深思。余英時作為歷史學家，對新儒家提出很冷靜解構性的闡釋，但他完全沒有要抹殺新儒家的意思。

劉夢溪：新儒家所關切的，無非是當傳統價值體系面臨崩塌之際，為解除文化危機尋找一個立足點，這初意是極好的。余英時先生只是覺得新儒家的努力無法達致社會起信的作用，也擔心偏向否定科學的極端。杜維明對儒學的推動，與現代社會生活、現代經濟秩序結合起來了，在學理上已是變化了的新儒家，或者應該算是新儒家的新的支派。

金耀基：是的。中國固有文明秩序的解體，固然涉及思想文化層面，但真正的解體還是政治結構、經濟結構、社會結構發生了改變。所以新儒家若要在中國現代新文明秩序的重構中起作用，不能不結合社會的各個制度層面與日常的生活世界。

劉夢溪：陳寅恪就說過，儒家思想影響最大的還是在制度法律及公私生活方面，而學說方面，反不如佛學和道教的影響大。因此這就有了矛盾，也可以說是學人之思和生活之理的矛盾。

金耀基：文化不落實到行為，是不落實的文明。文化必須充分體現在一般的日常生活中。在傳統中國，儒家思想落實到政治、經濟，特別是家庭社會的生活中，所以形成了一個特有的文明秩序。二十世紀以來，這個舊的文明秩序一直在解體中，當然，在同一時期，中國也在探索一個新的文明秩序。我覺得新儒學不但對豐富和完善中國現代化可以有貢獻，它還可以對「現代性」的批判提供資源與智慧。

中國文化的耗散與重構

劉夢溪：晚清以來中國文化陷入的危機，到今天也不能說已經解除。傳統資源在現代社會能否發用是一個問題。前幾年我還曾提出，中國文化由於自身的特點不容易凝結為傳統，而有傳統也不容易傳承，這是更為嚴重的危機。

金耀基：中國文化的危機，當然與西方現代文明的衝擊有關。事實上，許多非西方社會，面臨西方的挑戰，都出現傳統本土文化的危機。不過，在中國這種文化危機感特別強。有一點似

可提出，一百年來，中國的精英，不論是政治人士或知識份子，其解救中國危機的方案，幾乎都以打倒或清除中國文化為要務。在這樣的大氣候下，文化傳統的傳承怎能不出現斷層？何況有時還有像文化大革命是大規模的系統的破壞。不過，中國文化的生命力是十分強韌的，中國文化有危機，並非中國文化就死了。看你們二位（與金耀基先生訪談，內子陳祖芬女士亦在座 —— 筆者注），有明顯的現代特點，但同時有濃烈的中國文化在，我相信，在重構中國現代文明秩序的過程中，必然會有中國文化的材料與資源的融入，當然，也必然會借取移植外來的文化。

劉夢溪：文化需要移植、嫁接，不移植不能勃發生機。

金耀基：佛教之入中國，產生宋代的新儒學，並發展了中國式佛教，便是最明顯例子。再冷靜地看，二十世紀以來，我們從西方就移植了無數的東西，從經濟制度到電影、音樂，不論是穿的、住的、行的，有多少不是從外面移植來的。這沒有什麼不可，但只是中國的東西越來越少了、稀薄了。我們對傳統批判得太過分了。結果是二十年代的中國人「看不起」傳統，九十年代的中國人「看不見」傳統。這樣，又如何談保存和發揚文化傳統？

劉夢溪：我們中國人的特點，常常是一面講要發揚傳統，同時又極輕視、極輕賤自己的傳統。現在主要是傳統價值系統崩潰而又找不到重構途徑的危機。這是一個問題的兩個方面。傳承既然缺少合適的管道，那麼重構也難得取徑有門。而在此一過程當中，個體的精神危機早已產生了。許多中國人失去了精神的定在性，不知從哪裏來，也不很明白到哪裏去。陳寅恪說晚清以後的中國成了非驢非馬之國，我看不僅僅是痛乎言之。文化失衡了，中國人立足的根基在很多人身上看不到了。文化人、知識份子，本來應該最有精神的定在性的，實際上，正是這個階層最缺少精神的定在性。

金耀基：在文明秩序交錯影響的過程當中，特別需要你說的精神的定在性，但擁有這種精神有一定難度。這需要對傳統的價值有一種體認、執著、認同。

劉夢溪：曾國藩是有這種精神的。咸同時期的「中興諸將」，不少都有這種精神。陳寅恪的祖父陳寶箴、父親陳三立，都有這種精神。陳寅恪本人也有這種精神。明清易代，清朝的鎮壓與懷柔相結合的兩手政策，對知識份子的精神定在性消磨得很厲害。清末的的思想解放運動是一次張揚。後來，扭曲得更厲害了。

金耀基：對價值的失落與混亂，就不易有精神的定在性。不過，在二十世紀的中國，知識份子的處境可能更困擾，不同價值的內心交戰，更使中國人立足的根基著不上力。這也許是中國現代人的一種處境。現代中國人對傳統價值已無或很少舊士人那種宗教感的執著。現代的西方人，也有這種通象。現代西方人，正如韋伯所言，所面對的是一個「解魅的世界」，意義都發生了問題。這也可說是「現代性」的困境與危機。

劉夢溪：精神的定在性，是與信仰相連結的。沒有信仰，談不上精神的定在性。我們面對的是越來越俗世化的世界，連宗教都走上了俗世化的路，個體精神的安身立命之所非常難找了。

金耀基：大概這就是現代人的命運吧！

民族文化認同和知識份子

劉夢溪：關於民族文化認同問題，不知金先生怎麼看？

金耀基：二十世紀，很多國家都有這個問題，中國是很突出的一個。一位研究中國政治的 M.I.T. 學者白魯恂認為中國只有權威的危機，沒有認同的危機。其實，認同危機是存在的。承認晚清以來文化危機存在，就不能說沒有民族文化認同的危機。在這裏，我特別要指出，「五四」以來，知識份子已把民族與文化拆為二橛。曾國藩為了保中國文化，寧可站在滿清王朝一邊，而「五四」的知識份子，則認為為了救中華民族，就不能不打倒中國文化。在這樣的思維結構下，民族文化的認同就不能不有危機了。

劉夢溪：這個危機直到過去了一百年的今天，也沒有真正獲得解決。我同意余英時先生的意見，不僅沒解決，在有些方面還加深了。個體的文化認同是一個問題，剛才談的精神的定在性，已有所涉及。群體的文化認同如何？也不無問題。

金耀基：群體認同這個問題極為複雜。群體認同涉及文化、宗教、種族等等。臺獨，是個群體認同問題。香港「九七」以後，也有個群體認同問題。中國是個複雜的大群體，中國的認同與中國文化最攸關，中國文化出現危機，中國的認同也就必然成問題（**劉夢溪**：對有一些人而言，是無所認同）。無所認同，就是一種危機。

劉夢溪：對本民族的文化傳統不知愛惜，動輒全盤否定，實際上是自毀根基。近年雖有所重視，卻又理路未清，便走向了商業化和俗世化。在這種背景之下，群體認同不但沒有得到整合，耗散、失落得反趨嚴重。

金耀基：在商業化與俗世化過程中，知識份子最失落、無奈。

劉夢溪：中國知識份子先天不足。因為中國缺少學術獨立的傳統，所以知識份子的獨立性很少能夠得到表現。西方意義的知識份子，中國找不到用武之地。結果知識份子變成了普世化的概念，有文化的人、掌握一定知識的人、大學生，都算做知識份子了。

金耀基：大學生怎麼可能都是知識份子？現代社會是知識社會，成千成萬個行業，每個行業都需要有知識。這麼說，什麼人都是知識份子了。我想，不是受過大學教育，有知識就是知識份子吧。我比較贊成這樣的知識份子定義，即知識份子應該是關心身處的社會的時代批判者。關心群體社會、時代問題才是知識份子。現代化社會，高度分工，專業性強。能夠從本身專業中跳出來講時代問題、世界問題的，是知識份子。知識份子要有超越性，言論才能保持客觀。人類社會發展需要知識

份子這樣的角色。美國越戰時大批知識份子從學術專業中走出來，表達社會理性，反映社會良知。有這種功能才是知識份子。中國過去有士這個階層，但士之以有知識份子的性格，乃是士能夠超越士的階層來發言。中國現代新文明秩序的建構，就需要現代的「士」。

家庭倫理可否成為現代文明秩序的資源

劉夢溪：中國傳統社會，家庭特別重要。如果說文明秩序政治是中心，家庭則是社會的中心。觀察傳統社會的政治形制、社會結構、文化特點，都需要解剖家庭這個細胞。中國新文明秩序的建立，也需要利用、消化家庭倫理的思想資源。「五四」反傳統，反家庭反得最厲害。連熊十力都說過，家庭是萬惡之源。今天文化與社會的重建，家庭實際上在重建。我知道金先生對這個問題有很深入的研究，願聞其詳。

金耀基：家是中國社會中最重要的組成，中國儒家文化最集中的表現是在家。儒家倫理的核心可說就在家庭倫理。五倫中有

三倫都是關於家的。至於國,在儒家的文化設計中,也是家的延伸,家的擴大。家的價值中最重孝字,胡適說孔門哲學變成「孝」的哲學。所以「五四」時期,反傳統,反儒家,便以「非家」、「非孝」為攻擊的重點對象。

　　中國的家庭倫理是和政治倫理與社會倫理聯繫在一起的。君臣比擬為父子,朋友比擬為兄弟。我可稱你為夢溪兄,從陌生人到熟悉,提到了倫理的層次。所以中國人的社會,是家族式的組織形式,即使在今天最先進的商業系統裏,都還有這種現象。當然社會越現代化,家族式的組織形式便會逐步轉化為非家族式的組織形態。香港、臺灣就出現這種現象。有一點應指出,儒家文化雖重「己」,重個體之尊嚴與價值,但一落到家的裏面,梁漱溟認為,就連個人都看不到了。胡適說,中國人不是自己,是爸爸的兒子,爺爺的孫子,就不是自己。儒家講的修、齊、治、平,是儒家的一個文化設計,在這個設計中,從家跳到治國平天下,便出現困境,這不是「以孝作忠」可以解決得了的。這在二十世紀就更不可能了。今天,君主已沒有了,談不上忠君問題。而國與家則是兩個不同的領域,家是私領域,國是公領域,因此政治倫理、家族倫理應分屬兩個獨立領域。此外,家與國之外,還有一個社會,社會也是一個獨立領域。建立現代文明秩序就須往這個方向思考。我有一篇《論中國人的「公」、「私」觀念》的文章,談這個問題比較具體。

劉夢溪：傳統家庭的弊端、負面影響，自然是明顯的。但家庭作為社會的基本細胞，對社會的整合、文化的整合，有重要作用。中國文化特異性的形成根源，即主要來自家庭結構。傳統文明秩序向現代文明秩序轉變，家庭不可能不發生變化。只是如果人為地改變家庭秩序，勢必造成對社會與文化的破壞。五十年代以後，習慣搞運動，家庭秩序被破壞了。特別是提倡兒子揭發父親、妻子揭發丈夫，製造道德上的難堪，陷於不倫。正常的人格也因此被扭曲了。實際上，這是對社會文明秩序的極大破壞。

金耀基：文化大革命真正是革中國文化之命。它對家庭倫理的破壞，是對中國社會文明秩序的根本性的破壞。其影響是極為深遠的。不過，中國傳統家庭秩序在工業化、現代化中也必然會產生變化。只要進入工業化，必然出現小家庭，出現核心式家庭結構。過去，《爾雅》裏面，家族關係彼此稱呼之多，世界少有，說明中國家庭的繁複性。今後的家庭結構一定會簡單。值得注意的是，中國的家庭倫理雖迭遭破壞，但有些基本價值觀念，在許多方面仍得到保持，比如有的母親節衣縮食，但可以花大錢（**劉夢溪**：有的母親寧願當傭人）給兒子唸大學，這只有中國，家庭價值觀念有力地保持的情況下，才可能這樣。

　　我總覺得，中國傳統家庭中有些倫理仍值得有選擇地保

留，作為建構現代家庭的文化資源。我在二十幾年前一篇文章中指出：「愚妄的『孝的宗教』固嫌野蠻，溫柔敦厚的孝的精神則十分文明；婦女的三從四德雖不公平，但夫婦相敬如賓則豈不十分藝術？父為子綱固然有害子之獨立性，但父慈子孝，相濡相潤，則豈不可以減少代溝之衝突？」說到底，有文明的家，才會有文明的國。

「家國」和「黨國」

劉夢溪：中國傳統社會裏，家、國並提，常常不叫國家叫「家國」，實際上很有意味。不僅反映出傳統社會政治秩序的特點，也可以看出中國文化的特點。陳寅恪的詩裏，許多地方都是「家國」連用，而且寄寓的感情格外深沉。

金耀基：太好了，我非常同意。的確，過去的人都是家國連用、並用的。所謂家國之思，家國之情。今天，二十世紀的中國人講「黨國」，國民黨講「黨國」，共產黨也是「黨國」一體。「黨國」取代了「家國」。在政治文化秩序崩潰後尋找新秩序，

要通過黨來尋找。這是二十世紀的新事物。建國，也是黨來建國。沒有國民黨，沒有中華民國。

劉夢溪：「沒有共產黨，就沒有新中國」，這是一首有名的歌。

金耀基：黨創造國家，所以黨治理國家。黨是打天下的，所以治天下。應指出者，孫中山政治理念中黨國是區分開的。黨在革命建國時期，講軍政、訓政，等到國家實施憲政，黨與國就需要分開。臺灣現在開始黨與國分離。國民黨，要他承認反對黨，不是容易的事。打天下的要它與人分天下，怎麼行？從「家國」到「黨國」，是二十世紀中國政治文化的大事件。黨國分家，怎麼分？西方一位政治學家（李普賽）說，黨國的黨，既是統治權威的泉源，又是統治權威的經理者，不可能民主，只有把統治的泉源放在客觀的憲法上，黨通過選舉，取得統治的經理人身份，這樣的黨國分際，才能建立民主的秩序。中國要建立政治新秩序，黨國的定位、黨國性質轉換是很重要的。

文化的重建與社會的重建

劉夢溪：是否請您具體談談文化與社會的問題。

金耀基：現在用的「社會」二字，是從日本轉譯過來的，過去沒有「社會」兩個字，有也不是這個意思。我們有家、國、天下，但沒有社會。當然，自從有人類存在以來，就有社會了。中國為什麼沒有「社會」這個概念？大概「家」、「國」太突出，社會看不到了。

劉夢溪：中國有「社稷」的概念。

金耀基：社稷不是社會，社稷指土神、穀神，為天子諸侯所祭，有國者必立社稷，故社稷是國家的意思。從今天社會學看，中國過去確沒有一個「社會」的概念。

劉夢溪：中國雖然沒有社會的概念，但以家庭、家族為網絡的民間社會是存在的。傳統社會的民間力量不小。許多文化活動，特別是宗教活動，以及明末的結社活動，都是在民間。如果說現在文化與社會都面臨重建的問題，我想民間這一環不可或缺。

金耀基：是的。中國雖無「社會」這個概念，但不表示中國無社會，只要有人類聚居，就有社會。中國過去有「民間」的概念，民間似是國家之餘，政治之餘的意思，亦即國家政治力不及之處。傳統中國，民間可以有活動空間，但並無一種自主性的意思。這與西方的「市民社會」不同。要建立中國新的政治秩序，如果社會沒有力量，便不易發展民主。從這個意義講，中國大陸的經濟改革意義是很大的，發展市場經濟，必然出現一個市場的邏輯，市場的理性化。通過經濟發展，最後導致市場與市民社會的出現，這對現代政治秩序的建立是有幫助的。臺灣的「市民社會」的出現，與市場經濟的發展有千絲萬縷的關係。

劉夢溪：關於大傳統和小傳統問題，學術界現在開始重視小傳統的研究了。

金耀基：大傳統和小傳統相互滲透。千里不同風，百里不同俗。同一文化下有不同的「俗」。一個大的文化傳統，下邊有很多小的文化傳統。中國文化的滲透性相當厲害。小傳統有其地方性，但不可能與大傳統基調不一致，小傳統可以成為大傳統。在此應指出，中國是一多種族的國家，費孝通先生稱之為「一體多元」，對少數民族的文化應該尊重。

劉夢溪：對少數民族的文化，共產黨基本是尊重的。

金耀基：講中國文化，不要太迷信一體化，中國文化其實有許多文化傳統。傳統是社會歷史智慧的累積，也是社會安定秩序的支柱。

劉夢溪：我很懷疑一個說法，按這種說法，中國社會直至辛亥革命一直沒有一個大變動，所以當務之急是中國社會應有一個大變動，於是就發動民眾變動起來了。後來的群眾運動就是這樣來的。實際上，社會的大變動最容易使社會的機體受傷。日本的改革比較溫和。所以日本的現代化取得了成功，革新的結果，既能容下傳統的又能容下現代的。

關於挑戰—回應模式

金耀基：從挑戰與回應的角度看，面對現代化的挑戰，可以有不同的回應。日本在現代世界經濟秩序裏，已變成超級國家，哈佛的傅高義教授甚至說日本是 No.1，的確，日本在尋求新文明秩序時，是一個成功將傳統和現代結合的例子。中國對傳統

的批判太過分。破得太多，立得太少。今天有人結婚，用什麼方式？西方的？傳統的？但什麼是傳統的，現今的中國人根本連傳統的婚禮也不清楚了。

劉夢溪：所以今天文化重建的任務很重。婚禮是一個比較典型的例子，很能說明問題。西方婚禮在教堂舉行，氣氛肅穆隆重。中國人結婚，常常大鬧一場。喜興倒是喜興，莊重就談不上了。我有時癡想，今天新的文明秩序的建立，在有些方面可能得仿效古代制禮作樂的方法，要有人折中採擇，制定出新的禮儀、儀式規範。宗教也是這樣。道教有自然宗教的性質，不容易形成信仰；佛教已流於世俗化；基督教是外來宗教，不一定適合中國國情。但在現代商業社會裏，宗教又必不可少。怎麼辦？是不是應建立一種新宗教？我認為不是沒有這個必要。

金耀基：這一類的問題多得不得了。日本也有自己的問題。前年 8 月我在東京大學出席世界法律社會學會議，一位日本學者（棚瀨孝雄教授）說，日本有「現代化」但是沒有「現代」。現代化的一些基本內涵，如「工業化」、「民主化」等，日本完成了。但日本有市場經濟，國家卻管理得很嚴格；有民主制度，卻為權威主義所滲透；個人的價值，也不同於西方的個人主義的性格。這就顯出了一個問題，就是現代化是不是都應該以西

方現代性為標準?若把日本和中國比,可以寫很多書。日本的文化,原來是向中國取經的。一直到十九世紀,日本走了出亞入歐的路。今天它又要重返亞洲。從文化觀念講,日本是受到儒家影響的。後來,才把西方作為樂土。日本維新改革,模仿的是歐洲。二次大戰後,臺灣,學的是美國。

劉夢溪:中國文化對日本的影響,主要是唐宋文化,日本人自己也不諱言這一點。但明以後的中國文化,對日本的影響就比較小了。相反,現在的日本人很多看不起中國人,甚至不是少數,這就不僅僅是文化的原因了。

金耀基:現代日本在某一意義上講,是東西文明的結合體。日本的現代化值得我們參照。不是中國的現代文明秩序要變成或會變成日本的文明秩序。日本的民主,是講究共識的民主,不是西方抗辯式的民主。是日本不夠民主?還是日本有另一種民主?有人認為,日本現在看起來與美國不一樣,但將來還是會一樣。這個說法是極有問題的。日本的民主,還在發展。的確,如您所說,日本人中很多看不起中國人。事實上,日本人百年來都想變成歐洲人,即由亞入歐。其實日本人也看不起其他亞洲人,不過,現在亞洲已升起,日本人又想由歐洲重返亞洲了。最近,所謂「中國威脅論」,就是由日本參與製造的輿

論氣候。日本人第一次感覺到中國真正開始富強，而有所疑懼。對日本，我們不能掉以輕心。

劉夢溪：學術界對挑戰─回應模式，近年已開始有所置疑。我在中研院訪問期間，余英時先生請人送給我一本他的新書《歷史人物與文化危機》，他在這本書的自序裏說：「自由主義者和馬克思主義者都把中國文化看作一個靜物，而不是動力，即是『心迷法華轉』，而不是『心悟轉法華』。」因此他提出，如果在文化認同問題上需要修正「法華轉」的觀點，在近代史的研究上就應該修正「回應」的典範。不知金先生怎樣看這個問題？

金耀基：對挑戰─回應模式怎麼評價，是一個問題。十九世紀以來面對西方的衝擊，中國統治層與知識界有強烈的反應，即存在挑戰─回應的歷史事實。余先生講的是中國社會歷史的內動力，是中國傳統內部起變生變的力量。這個歷史觀可以補挑戰─回應模式之不足。我認為挑戰─回應模式是一種歷史視域，可以看到一些中國現代歷史演變的線索，當然這不能窮盡中國現代化故事的全貌。一個美國歷史學者保羅‧柯文就主張要建立「中國本位」的現代史觀。

中國現代文明秩序的建立不能捨棄農村

劉夢溪：我聽到一種頗為有趣的說法。這種說法認為，中國共產黨領導的民主革命，是以農村包圍城市、最後奪取城市的方式實現的；而近十五年來的改革開放即走向現代化的過程，也是首先從農村開始；因此中國的工業化，工業結構、工業體制的改革，主要還是要靠鄉鎮企業。您贊同這樣的說法嗎？

金耀基：你講得很好。孫中山基本上是一個城市革命家，他進行的是政治革命，把中國基於普遍王權的政治秩序革命了，老百姓都變成了皇帝。毛澤東認為中國百分之八十以上的人口在農村，農村不革命，就不是徹底的革命。因此他重視農村。中國過去的起義或造反，例如陳勝、吳廣，都發生在農村。工人革命是二十世紀之後的事情。中國是個農業社會，中國的改造，中國的現代化，都不能不認真對待農村問題。農村人口這麼多，百分之十的農村人口一流動，就可以把城市淹蓋住。鄉鎮企業是中國特殊社會條件下的發展。費孝通先生竭力鼓吹，很有遠見。鄉鎮企業是把農村一部分人力，從農業勞力變為工業勞力，把農業剩餘人口穩定在農村，鄉鎮企業在當前的工業化路上，表現得很有生命力。

劉夢溪：鄉村選舉也搞得不錯。要說民主，中國農村選鄉社領導人，整個過程，很有一點民主的意思。

金耀基：聽說不錯。國際社會似乎也注意到了這一點。但鄉鎮企業的發展也產生了環保上的大問題。至於中國全面的工業化，當然不能全靠鄉鎮企業。講到這裏，我必須要說，中國的人口問題，是中國現代化的最大問題，也是二十一世紀的最大問題。中國的人口、中國的環保，是下一個世紀不能迴避的兩大問題。到 2030 年左右，中國人口估計將達十五億。十五億個嘴巴一張開，多少東西吃進去。控制人口的政策有必要。人多了，人的尊嚴就沒有了。

劉夢溪：擁擠不可能產生文明。

金耀基：文明，是人與人之間要有距離。距離是一種秩序。泥鰍一大堆，擠在一起，看不到秩序。毛澤東說人多好辦事，使中國人口增到十二億。如果人口控制在六億，中國的現代化就樂觀多了。

劉夢溪：現在北京、上海的流動人口有六百萬。

金耀基：農村的重要問題不只是糧食問題。經濟不是一切。工業化不等於現代化，但沒有科技化就不可能有農業現代化。中國的農村，怎麼樣才能走向現代化？這是一條非常重要、非常艱巨的道路。環保問題，我也有十分深切的感受。六十年代，從日本東京到京都，哎呀，鐵路兩邊都是工廠。最近這幾年，在南中國，馬路兩旁工廠一個接一個。南中國出現了六十年代日本的情景。農村在急遽走向工業化。這令人興奮。但綠色在哪裏？中國生態已遭到嚴重的破壞。我們只有一個地球，不能不注意人與自然的秩序。

「亞洲價值」和「中國式民主」

劉夢溪：已經在品嚐苦果了。清風明月已經很少看到。下面，我想提出另外一個問題，就是這幾年，文化界、企業界開始在講「亞洲價值」，您覺得「亞洲價值」這個概念可以成立嗎？

金耀基：當然可以講亞洲價值。不幸，這個問題被炒得太熱，變成非常政治化了。新加坡的李光耀與馬來西亞的馬哈蒂因為

講亞洲價值便成為西方學者媒體抨擊與諷刺的對象。其實這是個很嚴肅的文化問題、現代性問題。西方的現代性，個人主義是根源，此表現在西方家庭、西方企業、西方民主中，但亞洲價值則不同（當然，應注意亞洲也是一多元文化價值的區域），至少東亞的儒家價值是「非個人主義」的。儒學重個體性，重「己」，但「己」與「人」（即群體）卻非對立，這非必是集體主義，但決不是個人主義。西方企業和東亞的不一樣。過去講管理，就是西方的，實際上是美國的。日本經濟成功了，才承認有日本式管理。講管理，要看是否有效率、有效能。沒效果不行。日本管理的效果不差於美國的，才被承認。過去講民主，也就是西方的，特別是美國的，但現在也必須承認，民主非必只有美國式的。衡量民主，主要看是否尊重個人之尊嚴，是否對權力之更替有合理機制等，但不必一定是美國的二黨制、三權制衡制，也不必是基於個人主義的。有一種爭論，即亞洲的現代性，是不是一定是西方現代性的翻版？前面我們說過了，歐洲是人類歷史上第一個現代性的「個案」，那麼今後會不會出現不同於西方的第二個「個案」？這是目前學術界所關心思考的大問題。

劉夢溪：您認為中國的現代化，可以走出自己的道路嗎？

金耀基：假使你一定要我簡單地回答「是」或者「否」，我的答案是「是」。現代化理論中有一種看法，即任何一個國家或社會走上現代化之後，最終所出現的現代性（或現代的文明秩序）必然趨於匯流，亦即會出現同一的現代性。這種看法，基本上是基於「工業主義的邏輯」。不但現代化理論中有人有此主張，馬克思也有這種看法。這種持「同一的」現代性觀點，不啻視西歐的現代性不止是現代性的「第一個」個案，也是一切現代性的「範典」了。我個人是不同意這種觀點的，我相信西方現代性之外，還有別類的現代性之可能，亦即現代性是「多元的」。上面所講的現代化理論完全沒有考慮歷史文化的因素，當代哲學家泰勒（C. Taylor）對此有深刻的批判，我很引為同調。不止中國的現代化的過程或道路與其他國家不同，中國所建立的現代性也可以有其特別面貌。當然，中國現代性與西方的現代性會有「共相」，但也會有其特殊相。

劉夢溪：未來的發展，可以有中國式的民主嗎？

金耀基：在 1980 年左右，我在臺灣宜蘭的棲霞山莊開會，是《中國時報》舉辦的，我在一篇《中國民主政治之建構》論文中提出了「中國式民主」的觀念，結果被有些與會者「圍攻」（這見劉述先兄的話），認為這個概念非常危險，至少有被當權

者利用的危險。其實,他們所指的是,當權者會把反民主、不民主的事,加上一個「中國式」便偷關了。其實,我說的「中國式民主」不外是「中國式管理」、「日本式管理」概念的引申。我說:「中國式民主即是指民主(源於民方的)在中國文化社會中的生長與運作,必不能外緣於中國文化社會,必不能不與中國文化社會的因素互相影響,亦因此必不能不出現帶有中國的性格與風貌,這亦即是中國民主的特殊性。但此『特殊性』必相應於其『普遍性』而始有。『中國式民主』必須具有民主的普遍性格,它必須具有尊重法治,保障人之尊嚴,自由與權利等因素,如不具備這些民主共同普遍的因素,則中國式民主便毫無意義可言。」

我要特別指出,「中國式民主」決不應是「打折扣的民主」,正如「日本式的管理」,不應是「打折扣的管理」一樣。在這裏,我必須指出,民主是指一種政治秩序,我認為也必須是中國現代文明秩序的一個組成。丘吉爾說,民主制度是最壞的制度,但比其他所有存在的制度都好些。哈佛一位叫尼勃的神學家說過兩句極為深刻的話。他說:「人有一種不正義的傾向,所以民主是必要的;人有一種正義的傾向,所以民主是可能的。」在今日,民主不是要不要的問題,而是如何建構的問題。前幾年我應邀在夏威夷參加一個東西哲學家會議,我提出一篇《儒學、現代性與中國式民主》的論文,是我對「中國式

民主」的進一步闡釋。

劉夢溪：謝謝您把問題講得這麼清楚。不僅我個人，《中國文化》的讀者也會因此而大受教益。您對現代化和現代性問題的深刻闡發，使您在文化—社會學領域一直站在前沿位置。請問，您今後的研究方向會有什麼變化嗎？

金耀基：中國的現代化這個問題，是我長期研究的興趣，它不僅是學術興趣問題，也是中國未來走向問題，也是中國現代文明秩序建構的問題。近幾年，我的關注點由「現代化」轉到「現代性」問題，二者有關，但卻有根本性的不同。講「現代性」，就要進入到對「西方現代性」的批判，也即對西方現代文明秩序的批判。近幾年，西方學術界，對現代性的批判，盛極一時，更有「後現代主義」或「後現代性」的種種說法。我認為對中國，對世界絕大多數的國家現代化還是主要議題，至於西方是不是已進入「後現代」，還是個爭論不已的題目。簡單地說，對我而言，講「現代化」，重點是中國發展的問題，講「現代性」，重點就移到人類社會未來發展的問題了。我們只有一個地球，而地球已變成地球村，今日，應思考的是地球村的現代性問題了。前年 11 月我在北京大學作《潘光旦先生學術演講》，就是談中國「現代性」問題。

題尾：香港回歸暨前景展望

劉夢溪：1997 年 7 月 1 日香港將回歸中國，這是件大事，國內外輿論都很關注。能否請您談談對這個問題的看法。

金耀基：「九七」回歸中國，這確是件大事，它的意義不止是政治的、經濟的，也是文化的。這不止港人關注、中國人關注，全世界的注意力也投射到香港。為了「九七」主權移交之日，全世界有六千個新聞媒體人都會到香港。維多利亞港兩岸的酒店早已預訂滿了。

　　二次大戰後，在亞、非洲一片「非殖民化」的巨浪中，香港居然依然以英國殖民地身份存在了半個世紀之久，可真是一種「時代錯誤」。「九七」香港回歸中國，港人非無憂慮，但結束殖民地是天經地義的事。十九世紀末，中國在英炮艦下割讓租借香港，那是歷史的錯誤，到了二十世紀九十年代，香港這個殖民地竟然變成了一個世界性都會，一個國際的金融中心。個人平均所得超過大多數西方國家，也超過英國。歷史的錯誤變成了一個美麗的錯誤。但錯誤畢竟是錯誤，總應該糾正過來。問題是，如何糾正這個歷史的錯誤？鄧小平先生提出「一國兩制」的構思，確實是一個有想像力、有現實政治智慧的構

思，它一方面解決了主權問題（即中國收回失土），一方面讓香港「港人治港、高度自治」，繼續保有既有的資本主義制度與生活方式。「一國兩制」的構思，並通過《中英聯合聲明》與《基本法》使它落實到國際條約與中國憲法的層次，這對於香港的未來提供了一個最大可能的保障。今天，香港社會繁榮依然，絕無人心浮動不安現象，這多少表示港人對未來有一定的信心。

劉夢溪：香港的現代化，我有深刻的印象，它對中國的經濟發展提供了很大的助力與參考價值，國內對於香港的回歸很興奮，北京天安門裝置了時鐘，倒數香港回歸的日子。

金耀基：中國人對香港的回歸表現興奮，這是很自然的民族情感的流露。不過，在這裏我想指出，慶祝香港回歸，不要簡單化或甚至教條化地把它當做是洗刷國恥的事來慶祝。更不要「把香港從殖民主義中解放」的做法來慶祝。香港誠然是一殖民地，誠然是英國人管治的地方。但今日香港已是一國際性的大都會，是太平洋環區的經濟重鎮。香港人目前享有的自由可能是中國人居住的地方中最多的。他們沒有求解放的意欲。相反的，他們擔心「九七」後會減少或失去現在的自由。「九七」之後，香港能否真正落實「一國兩制」將是對中國，對中國人

（包括香港的中國人）的智慧的考驗。

劉夢溪：中國非常重視香港的價值與意義，沒有理由會不誠心地貫徹「一國兩制」。

金耀基：講到香港的價值，很多人都認識到香港的經濟的重要性。但我以為香港的意義，決不止此。香港固然是中西文化的交接點，近三十年來，香港更成為一個成功的「現代化的實驗室」，中國文化在這裏通過了現代化的考煉而展現出適應與轉化的力量。我認為香港已經出現一個有香港特色的現代的文明秩序。它表現在經濟上、行政上、法治上，以及日常生活上，近年它在政治民主上也顯示了一種有秩序的活力。這個有香港特色的現代文明秩序，一方面國際化，一方面也有中國性格。當然，它還在發展中，更談不上完善無缺，其實不少地方很要不得。但值得一提的是，百年來，中國人一直在追求一個新的現代的文明秩序，這是一條波瀾壯闊的歷史道路，而香港的中國人雖然沒有英雄的史歌，但卻以平常心，平平常常地走出了一條現代化的道路。香港在中國走上現代的世紀之交，它具有特殊的意義。

時　間　/　1993 年 3 月 15 日下午 4 時至 5 時 30 分
地　點　/　香港中文大學中國文化研究所

中國傳統文化研究的現代方向

陳方正教授訪談錄

陳方正小傳

陳方正，1939年生於重慶，1949
年跟隨家人移居香港。1958年赴
美，先後在哈佛大學和普蘭代斯大
學（Brandeis University）獲得物理
學學士、碩士及物理學博士學位。
1966年返港，執教於香港中文大學
物理系，從事理論物理和高分子物
理的研究。1980年出任香港中文大
學大學秘書長，1986年創辦中國文
化研究所，為創所所長。2002年從
香港中文大學榮休，為中國文化研
究所名譽高級研究員。2004年被聘
請為中國科學院自然科學史研究所
竺可楨科學史講席教授，2006年榮
獲香港中文大學第五屆榮譽院士。

陳方正是能在科學與人文之間保持平衡並自由遊走的現代知識人。在執掌中國文化研究所期間，不遺餘力地發揚「結合傳統與現代，融會中國與西方」的精神，推動中國文化的研究與傳播。1990 年創辦《二十一世紀》雙月刊。1993 年，在中國文化研究所下面設立當代中國文化研究中心，擔任首任中心主任，並主編「現代化衝擊下的世界」系列叢書。後與劉殿爵教授、饒宗頤教授及年輕同事合作，建立「中國古代文獻電子資料庫」，並與饒、劉二公共同擔任「先秦兩漢古籍逐字索引」和「魏晉南北朝古籍逐字索引」兩種叢刊的主編。

陳方正的研究範圍包括科技與現代化、科學哲學和科學史研究。著有《站在美妙新世紀的門檻上：陳方正論文自選集 1984-2000》、《在自由與平等之外》等。2009 年，他的科學史著作《繼承與叛逆：現代科學為何出現於西方》由生活‧讀書‧新知三聯書店出版，全書七十萬言，余英時先生以「體大思精」概括之。他是為內地學術文化界熟知的香港學者，自八十年代開始即致力於香港和內地的學術交流。

引言

　　1993 年 3 月中旬，我應香港中文大學人類學系的邀請，出席「文化中國的展望：理念與實際」國際研討會。臨行之前草擬了一份訪談提綱，寄給中大中國文化研究所所長陳方正博士，約好會議期間我們圍繞中國傳統文化研究的現代方向問題作一次交談。提綱包括九個方面的內容，茲抄錄如下。

　　一、去年是中大中國文化研究所的銀禧，請接受我的晚來的祝賀。我想請您介紹一下，貴所是在怎樣的文化背景下成立的？當初的宗旨是什麼？後來有無變化？今後在所的建設方面有何進一步的打算？

　　二、我注意到，您在「民族主義與現代中國」學術會議演講詞中正式宣佈，擬在 1993 年成立「當代中國文化研究中心」，可否請您談談成立此一中心的基本構想和今後的發展方向。

　　三、中國文化這個概念，據我所知是清季開始出現的，是在西方文化大量湧入中國之後。可以說沒有外國文化的比較，便無法界定中國文化的內涵。那麼從今天看來，應該怎樣理解中國文化這一概念？人們總是講中外文化的衝突與融合問題，是不是也有一個中國文化和世界文化接軌的問題？能否就這個問題談談您的看法？

　　四、您認為中國傳統文化中今天仍具有生命力的是哪些部分？一些學者提出的傳統的現代轉化這一命題您怎樣看待？去年向余英時先生請教這個問題，他曾開玩笑說，怕是不容易「轉」出來了。實際上，轉化什麼？由誰來轉化？怎樣轉化？都有待深摳。

　　五、儒學傳統和中國文化的關係這個問題您怎樣看？對新儒家到底應該怎樣評價才比較公允？《二十一世紀》曾圍繞這個問題作過討論，很為海內外學術界所矚目。我們《中國文化》雜誌也刊載了余英時先生的《錢穆與新儒家》一文，因此非常希望把您以及《二十一世紀》對這個問題的看法，介紹給《中國文化》的讀者。

　　六、我們以研究中國文化為職志的人都有一種遺憾，這就是中國的文化傳統雖然很悠久，但中國文化對世界文化的影響力並不如我們想像的那樣大，特別是近代以來，中外文化的交互影響是不成比例的。您對這個問題怎樣看？可預見的未來這種情況會有所改變麼？

　　七、北京大學的東方學資深學者季羨林教授近年多次提出，文化的變遷是「三十年河東，三十年河西」，他認為二十一世紀將是中國文化佔優勢的時代，您同意這個預斷麼？貴《二十一世紀》的「展望二十一世紀」欄目，我非常喜歡，是否有就這個問題繼續展開討論的計劃？

　　八、您站在香港的位置，我相信對大陸和臺灣的文化現狀一定有更深入的理解，請您談談這方面的看法。

　　九、應該怎樣評價香港的文化？對「九七」以後香港的文化走向您有何預測？

　　我們交談的時間在 3 月 15 日，研討會閉幕的第三天下午。地點在陳方正先生的辦公室。大體按照訪談提綱，但內容前後有交錯。

陳方正：關於第一個問題，我們為紀念建所二十五周年印行的《從傳統到現代》小冊子有約略的介紹，您已經看到了，我們不妨從第二個問題談起。

劉夢溪：是的，我閱讀了這本紀念冊，獲益匪淺。我注意到，貴所成立於 1967 年，當時正是中國大陸的「文革」高潮時期，在這個時候建立中國文化研究所，是不是基於「文革」對文化的破壞，反其道而行之？

陳方正：我想這個建所時間，恐怕更可能是巧合。當然，中文大學和新亞書院的建立，確實有集中精英、珍惜保存中國文化之意。中國文化研究所的建立，也含有這樣的初衷，不過現在已脫離了這種想法。在所裏負責研究工作的人，大都是 1949

年前後才到香港來的，或者是他們的第二代，當然也有香港土生土長的，例如劉殿爵教授。

劉夢溪：由於我本人一直關注固有文化積存的整理、研究，對貴所的研究方向非常感興趣。一個有二十五年經歷的專門的研究所，始終保持良性的工作進行狀態，這不是一件容易的事情。可否請您順便談談中國文化研究所內部運作和外部環境的特點？

陳方正：在中文大學，中國文化研究所可以說有比較穩定的基礎。中大創辦人、第一任校長李卓敏博士，和後來的馬臨校長、高錕校長，都看重研究所的特殊意義，願意以他們的地位給予支持。如果說三代叫傳統，研究所也慢慢有自己的傳統了。我們很珍惜中大的環境，知道應該好好利用這個傳統。我個人感到十分幸運。因為這裏有自由發展的可能性，在小範圍內可以自由的工作。

劉夢溪：「當代中國文化研究中心」準備怎樣展開工作？

陳方正：我剛一到所，就感到文化研究不能完全以傳統為中心。因此，去年紀念建所二十五周年，就決定成立「當代中

國文化研究中心」。不過這已是走向現代的第二步；第一步是
1990 年創辦《二十一世紀》雙月刊。「中心」的工作目前打算
有三個方面：一是中國近代史的重新整理和研究；二是中西哲
學、宗教思想的比較和交流；三是在西方衝擊下中國和其他國
家現代化過程的比較。這些課題前輩學者早已經注意過，梁啟
超時代就開始了，但我們今天面對的歷史條件不同，應該在舊
瓶裏加入新的酒。《二十一世紀》和「中心」是分開但互相配
合的。

劉夢溪：您談到的這三個研究方向，都是當代中國的重大問
題，對研究者來說不僅能引發興趣，而且具有學科建設的意
義。那麼，準備選擇怎樣的工作途徑來實現這些學術目標呢？

陳方正：準備從三個方面著手：一、出版叢書；二、邀請學者
作長期或短期的研究訪問；三、召開小型研討會。研討會預期
每年可舉行三至五次，每次人數在十人以下，著重專業討論，
所以不一定開放。至於大型國際學術會議「中心」不會經常
舉行。叢書的出版，準備先設立周轉金，然後和大學出版社
合作。

劉夢溪：研究所有成立出版社的計劃麼？

陳方正：沒有。雖然有這種誘惑，但是不能做。因為出版社涉及專業人才和力量問題，而我們人少，資金少，精力有限。香港的編輯人才缺乏，而且缺得很嚴重。實際上，要達到真正高水準的出版，不僅香港，連中國內地也缺乏好編輯。編輯也是書籍的「創造者」之一，他的素質與見識、品味、工作熱情、態度的認真，都有關係。好編輯不能單靠經濟條件培養；他的才幹是基於文化理想累積起來的。對不起，我已經說遠了。

劉夢溪：您談的是非常有意義的話題，我抱有同感。中國三四十年代，有一批出類拔萃的好編輯，或握有刊物，或主持出版社，形成一個優良的文化帶。後來這種情況難以為繼了。

陳方正：在自然科學方面，西方有現成的體系，我們必須學習和接受。但在人文、社會科學方面，西方雖然也有悠久的傳統，卻並沒有建立起和自然科學相媲美的規範和方法，在這些領域發展的餘地還很大，這是中國學者應該看到、應該努力的。

劉夢溪：「中心」的三個方面是否已經確定了人員分工？對研究角度是否有新的考慮？

陳方正：我們希望「中心」是一個有充裕學術空間和時間的地方，讓大家有意識地作探索和反省，而不要求很快拿出成果。研究角度很重要，但不好事先預設。我們希望學者們通過小型研討會互相滲透、影響。大體上，近代史方面由金觀濤主持，他有一套研究計劃，希望和國內以及臺灣的學者互相切磋近代中國社會的變遷。宗教與哲學方面，打算請劉小楓主持，今年秋天他可以過來。現代化過程的比較，我自己這幾年做了一些摸索，已經在起步。正在組織一批書籍，有的已經有了譯稿。俄羅斯、土耳其、日本和中國這四個國家的現代化進程，很值得作比較研究。

劉夢溪：我想這是非常宏偉同時也是很有吸引力的計劃，相信一定取得預期的成果。

陳方正：下面的次序我想變換一下，先談談中外文化的相互影響問題。這是第六個問題吧？在現代早期中國文化對西方的影響很大：羅盤、火藥、印刷術三大發明的重要性大家都知道。當然這些發明在中國和在西方起的作用大不相同，不能成為我們自誇的因素。觀念方面，中國對西方也是有影響的。十八世紀上半葉的西方思想家如伏爾泰，很稱許中國文化；英國文官制度受中國考試制度影響很深，這也是公認的事實。中國文化

是內斂型的，不是外射型的，但它作為悠久而巨大的存在，西方並不能抹煞。在這點上，中國人不需要有太多自卑感。

劉夢溪：中國的知識界長期以來患有一種病，就是自己看不起自己。我曾說這是一種文化失重病，患病因由在於自己的文化根基沒有立牢。根不牢，則本不固，走起路來難免搖搖擺擺，有時是自卑，有時又自尊起來。

陳方正：這和「五四」運動有關係。我不否定「五四」。但也許中國的傳統觀念太根深蒂固了，只有經過如此猛烈的衝擊，才能建立起平衡、客觀的文化觀。是否真的如此，是很難判斷的。中國知識份子吃虧的地方，是始終與西方的政治、文化有隔膜。西方有句名言：「熟悉產生蔑視。」

　　但講到隔膜，我卻要提兩點：（一）全民學英語不是好辦法。由於中國人口多，資金缺，所以要人人懂英語是不現實的。百分之八十的中國人，無論從受教育的機會、接觸外國的機會，以及稟賦方面，都不具備直接了解西方的條件。勉強提倡，浪費了大量資金，效果並不會好，甚至可能影響中國文化本身的發展，特別是影響自己民族語言的運用。（二）有效的辦法，是鼓勵少部分有專長的人去做翻譯和傳播，以及通過大眾傳媒一般民眾廣泛接觸外部事物。大多數日本人英文並不好，

但這不影響他們接觸西方觀念，靠的就是大眾傳媒。傅高義特別指出，日本人和外國接觸，各方面多層次都有專人在做，而在培養專門人才方面，日本人是特別有一套的。對西方著作的翻譯，中國做的還遠遠不夠，還有相當大的空白，需要致力於文化事業的人去填補。

劉夢溪：您如何看待中國文化與哲學的轉譯問題？

陳方正：這和國家的經濟、政治地位有關。十六、十七世紀的耶穌會士已經開始轉譯中國的文化與哲學，並在西方引起轟動。文化的輻射力量，需要通過實效發展才能感染人家。如果只是文化觀念和理念，那只是漢學家研究的對象，必須得讓人家看到你是先進的，有影響力的，才有可能去影響人家。中國通俗文化有兩方面我們是可以引以自豪的，一是飲食，二是功夫。中國功夫突出人體自身的修煉，在俗文化的層次上補充了西方人心靈的空虛。研究公共衛生與健康的學者劉融教授根據詳細數字作出結論，說一個人活到七十歲，中國人比美國人身體要好。理由有三：一是中國人吃的比較清淡；二是中國的環境沒有那麼進步，因此體力勞動比西方人多，這兩點大家都可以想到；第三點卻十分特別，和中國傳統文化有密切關係，這即是中國特有的養生觀念：心氣平和、注意適量活動、講究精

神修養，這些的確對健康有實效。

劉夢溪：中國文化本身具有不容易操作的特點，因此造成傳衍的困難。中醫需要臨床實驗，有可操作性，所以傳衍不衰。和養生結合起來的中國文化是可以操作的，也許前景會相當廣闊。

陳方正：這一套觀念可信，因為已經用科學統計方法驗證過了。西方的運動，例如滑雪、爬山、打球，是高度技術性和挑戰性的，同時又體現一種人生態度。它和中國人的追求長壽、注意養生，在理念上迥然有異。一種是拚命，六十歲死掉；一種是不拚命，閒談修養，延長壽命。兩種生活態度，孰優孰劣，不可一概而論。這兩種態度的轉化，慢慢就是中國文化發展的契機。如能轉化過去，就會和中國菜一樣，慢慢為西方一般人所吸收接受。

劉夢溪：這涉及到很深刻的文化理念的轉譯問題。不僅中外文化交流有這個問題，中國文化本身古今銜接，也有這個問題。提綱裏面的第四點，就是基於此而提出的。學術界流行一時的「轉化說」、「開出說」，是否能正確解釋中國文化的生命延續力量，人們的看法不盡一致。您怎樣看待這個問題？

陳方正：對「開出說」，我並不覺得有太大意義。既然要「開出」，何必繞那麼大的彎子？重要的吸收過來就是了。如果不相應，你也引不進來。在現代，我認為傳統觀念並沒有完全消失，只是不再成系統，百姓日用而不自知而已。我們今天不可能再襲用中國傳統社會的整套觀念體系，但它的個別部分，如中國知識份子對中國文化與民族的承擔感，是很重要的。「五四」時代的知識份子都有這種承擔：李大釗、陳獨秀、胡適都是如此。胡適把西方的民主觀念拿過來，但他說到自由的界限，便不免摻進中國的傳統觀念。所以中國傳統的精英文化作為一個體系雖然已經崩潰，但部分還是有生命力的，至於將來怎樣重新組合，須得有人做系統研究。

劉夢溪：《二十一世紀》還準備繼續討論儒學問題麼？

陳方正：您在提綱中提到《二十一世紀》在這個問題上持什麼觀點。事實上，我們對這個問題沒有統一的看法。主要是為了提供討論園地而已。以後可能還會發一些文章，但是和何炳棣先生沒有直接關係。況且何先生前些時給劉述先先生寫了一封信，對自己的觀點也已做了些調整。您關心的「二十一世紀展望」專欄，現在已改為「評論」，作者可以用兩三千字的篇幅，對文化的不同理念做出分梳和評論，提出自己的觀念和主張。

至於季羨林教授「河東」、「河西」的提法，容易使人有文化決定論的印象，也許改為中國作為一個國家在二十一世紀是怎麼個情況更為踏實。作為一種信念，我相信二十一世紀的中國，無論政治還是經濟力量都會比二十世紀強大得多。但二十一世紀有一百年之長，究竟何時會如何，誰也說不清楚。中國這樣有統一聯繫的大國，經濟發展這樣快，加上中國人的才能、智慧，它在下個世紀有飛躍發展，是不成問題的。但如說「佔優勢」，似乎值得商榷。壓倒性、居於宰制地位的優勢，向來不是中國文化追求的目標。中國文化的延續性、一統性，有一個代價，即一元性很強。但將來中國卻又必須走向多元發展的局面。如何在多元發展的大前提下維持統一（什麼叫「統一」？）是我們不能迴避、應當認真研究探討的問題。

劉夢溪：好，現在只剩下最後兩個問題了。

陳方正：關於大陸、香港、臺灣的文化現狀，我做一個小觀察。香港文化一直處在高度現代化、商業化社會裏面，文化受經濟影響，發展有一定困難，因為聰明才智之士發展的機會很多，個人沒有壓抑感也沒有危機感。另一方面，香港的優勢，則在於可以同時直接從大陸、臺灣得到文化滋養，同時，接觸西方的機會也極多，在交流上得到許多助力。至於臺灣，文

化已發展到一個轉捩點。因為經濟過了起飛階段，政治形成熱潮，文化顯然在掙扎。大陸是在經濟起飛的前夕，將來還要面對政治變化的局面。

　　「九七」以後的香港文化氣氛會改變，那是不成問題的。但如果雜誌、書籍、出版、教學等方面有什麼影響，應該也是緩慢的。而相信鬆散、自由的大氛圍會維持下來。重要的是大陸也在變化。向什麼方向變化，變化的有多快，對「九七」以後的香港是決定因素。如果朝開放的方向變，對香港就不會引起太大動盪。香港人，包括文化人，已開始到大陸開拓市場，如歌星、小說家都已去了。因此，大陸文化對香港的衝擊肯定會不斷增強，那時，兩地的距離感會一步步自行消失。

劉夢溪：謝謝方正兄所作的內容豐富的談話。提綱所列的九個問題都談到了，沒有列出的問題也有涉及，因此這次訪談有意外的收穫，非常感謝。

陳方正：當然，關於對「九七」以後的香港文化所作的預測，只是一種觀察，不知道是否還有其他變數，似乎不好斷言。

劉夢溪：當然，我們都不是預言家。

陳方正：謝謝。

時　間 ／ 1999 年 2 月 9 日下午 2 時到 4 時、
　　　　 2 月 22 日上午 10 時至 12 時
地　點 ／ 哈佛大學費正清東亞研究中心史華慈教授辦公室

現代性與跨文化溝通

史 華 慈 教 授 訪 談 錄

史華慈小傳

史華慈（Benjamin I. Schwartz），
法裔猶太人，1916 年生於波士頓。
1934 年考取哈佛大學並獲得獎學
金，1938 年畢業，獲得拉丁語系語
言文學學士，1940 年在哈佛大學教
育研究生院取得碩士學位。1942-
1946 在美國信號部隊服役，擔任
密碼員，負責翻譯日軍軍事密碼。
戰後在費正清支持下重新進入哈佛
大學，從事東亞地區尤其是戰後中
國問題的研究。1950 年，獲得歷
史與遠東語言的博士學位，同一年
起執教於哈佛大學政治和歷史系，
1960 年晉升為教授。1997 年榮獲
美國歷史學會的傑出學術貢獻獎
（Scholarly Distinction）。在哈佛東
亞研究中心，他被稱為「學者的學
者」。1987 年退休，1999 年病逝。

史華慈的博士論文為《中國共產主義和毛澤東的崛起》，費正清、楊聯陞兩位教授為答辯責任人。這部論著直接奠定了他在東亞和中國問題研究中的地位。他的著作除《中國共產主義和毛澤東的崛起》（*Chinese Communism and the Rise of Mao,* 1951）外，還有《尋求富強：嚴復和西方》（*In Search of Wealth and Power: Yen Fu and the West,* 1964）、《共產主義和中國：流變中的意識形態》（*Communism and China: Ideology in Flux,* 1968）、《古代中國的思想世界》（*The World of Thought in Ancient China,* 1985）、《中國及其他問題》（*China and Other Matters,* 1996）等。

他的學術立場流露出「普遍主義」的傾向。他相信人類由於有了思想，才能交流，交流溝通是人類文明進步與和睦相處的必要條件。跨文化溝通是他念茲在茲的學術追求，他認為語言對思維的作用並不像人們想像的那麼大。《古代中國的思想世界》被認為是西方漢學界先秦思想史研究的巨大突破。該書先後獲得 Phi Beta Kappa 的愛默生獎（Ralph Waldo Emerson Award）、美國歷史學會的 James Henry Breasted 等獎項。

訪談提綱

一、林毓生教授向我介紹，他說您的研究與一般的漢學家以及中國學的學者有很大的不同。能否請您談一談您的研究的特點？是怎樣的契機使您進入中國研究的領域？《中國共產主義和毛澤東崛起》《尋求富強：嚴復和西方》《古代中國的思想世界》這三本書是怎樣寫出來的？能反映您的中國研究的各個階段麼？對於中國，您最關注的是什麼？什麼是您的中國研究的基本理念？您是否還有新的寫作計劃？

二、費正清教授已經作古，您能對他的貢獻和歷史地位有所評價麼？哈佛的中國研究有什麼特點？您對當今美國的中國學有何批評，有何期望，有何建議？

三、請您扼要談談對中國的文化與傳統的看法。您認為中國文化傳統裏面有通向現代的可供借鑒的資源麼？李約瑟主持的《中國科技史》您怎樣評價？中國人在思想領域對人類文明的寶庫的貢獻，最主要的都有哪些？對晚清以來引起中國文化與社會變遷的「挑戰—回應」模式，學術界已有所質疑，您現在怎樣看這個問題？

四、今年是「五四」運動八十周年，請您談談「五四」好麼？我知道您是贊同把「五四」以來的思潮分解為激進主義、保守主義和自由主義三種思潮的，不知您現在是否仍然持此種

看法?但這種區分本身已有所取捨,至少有區分者的畸輕畸重的態度。從學術史的角度看,這種區分是否代價太大?後期的嚴復、章太炎、王國維(包括梁啟超)的思想,怎樣評價才算比較公平?就一個學者的學術思想而言,保守主義這個概念怎樣和他發生聯繫?

五、研究中國思想與文化的學者中,很多人都贊同「儒家中心說」,我對此深所置疑。我覺得「儒家中心說」不能正確解釋中國的歷史與傳統。中國傳統知識份子的思想往往不是很單一,儒家之外,佛、道思想也是重要的源泉,尤其是民間的或處於在野位置的知識份子,更是如此。不知您怎樣看這個問題?

六、您怎樣看中國人以及中國文化中的宗教與信仰問題?儒學和宗教的關係是近來中國學術界的熱門話題。儒學是不是宗教,大家看法很分歧。您怎樣看這個問題?

七、能否談談您對今天的中國的看法?今年是二十世紀的最後一年,您對即將過去的一百年即二十世紀的中國,和二十一世紀的中國,有何檢討和展望麼?您對中美關係有何預期?

八、對亨廷頓教授的「文明衝突論」您有何評論?

第一次談話

文化是一種未經決定的、不穩定的、相當鬆散的整體

史華慈：我看了你的問題提綱，說明你非常認真負責，而且很有學養。我三十多歲才開始學中文，說得不很流利。我想首先談談我對「文化」這個詞經過反復思考是如何理解的。我的看法是，文化是個很複雜的事物，是個巨大而不穩定的範疇。因此我最後決定採用「文化導向」（cultural orientations）這個詞。我確信中國文化和其他大的「高級」文化一樣，都包含一些持續經久的導向。說「導向」是因為它大體提供一個引導方向，比較靈活，也給人的活動留下餘地。一個文化從所謂軸心時代開始就存在著非常複雜的難解的問題。大家知道先秦就有所謂百家爭鳴。正因為文化的內部有種種矛盾、衝突，同時才有歷史。文化人類學家往往採取一種靜態的觀點，認為一旦一個文化有了某種導向，這些導向就永遠持續下去，不發生任何變化。我強調文化和歷史之間的連續性，但我無意像一些後現代主義者那樣把文化等同於論說（discourse），再把論說等同於歷史。我也不是文化決定論者，我只是強調所有文化都持續

地經常發生變化，它本身就是一種歷史。有人認為「初民」文化不發生變化，我對「初民」文化了解很少，但我有點懷疑這種論斷。即使「初民」文化也有可能發生變化。結構主義代表人物列維‧斯特勞斯（Claude Levi-Strauss）雖高揚「初民」文化中清晰的不變的結構，但似乎也無意把這種看法應用於「高級」文化。這是因為文化內部經常存在著各種張力（tensions），因此必然會有發展，出現歷史。歷史就是麻煩事，一大堆問題，糾纏不清。它和文化一樣都是一種「問題性」或「問題結構」（Problematiques）。一個文化內部（不論是知識份子的「高雅」文化或是民間文化），總是爭論不休，從而構成一種「問題性」。我認為打從所謂「軸心時代」開始，各個文明中各種文化導向所導致並不是含義明確無誤的答案、反思或回應，而是彼此共同分享的「問題性」。我曾說過：問題，由於涉及人類存在的經驗，所以是普遍的；但是答案，由於出自於人，所以總是有分歧的。

林同奇：您的學生中國思想史專家墨子刻（Thomas A. Metzger）曾說，Promblematique 這個詞本來是法語，經過您反復使用，而且不用斜體，已經變成了英語。林毓生經過再三考慮把它譯成「無法獲得確解的問題」，雖然長了些，有些繞口，可能更能得您真意，因為它強調文化必然是一個永無休止的對話或辯

論的過程。他還從您處借用了「富有成果的含混性」（fruitful ambiguity）這個概念，並認為這是一個分析範疇，它意味著一個思想家面對時代苦難產生了種種不相容的關懷和思維，這種內心的張力正是刺激他思考的動力。其實，這個概念可以直接從「問題性」概念派生出來。

劉夢溪：杜維明也經常用這個詞語，曾用它分析仁與禮的內部張力。

史華慈：是的，我在早年的一篇文章中提到「富有成果的含混性」這觀念，有時「含混」是由於概念內部的張力沒有解決。有張力就必然有發展，有發展就必然有成果。所以，我心目中的文化形象不是某種固定不變的結構或模式。我覺得也許可以把文化比喻成一種化學上的複雜的化合物（a complex chemical compound），我採用這個比喻是因為有人把文化比做生物學上的一元有機體（a biological organism）。後者是一種強勢的文化整體觀，它很容易讓人低估歷史變遷的重大意義。我個人則贊成一種弱勢的比較謙虛的文化整體觀。我心目中的文化是一種未經決定的、不穩定的、相當鬆散的整體，它對於來自外部的各種影響和未來的種種可能是完全敞開的。如果我們說文化是一種結構，就必須馬上強調這個結構內部各種成分之間並沒有

達成一個穩定的諧和狀態，而是充滿種種深刻的歷時性和共時性矛盾；而且正如一切化學化合物那樣，其中各種成分都可以分離出來，可以從原有的結構中解脫出來和其他結構組合。它和固定的結構和所謂牽一髮而動全身的強勢的生物有機觀很不一樣。

林同奇：您的弱勢整體觀，使我想起美國文化人類學家格爾茨（Clliford Geertz），您也常提到他。他也不同意把文化看成秩序井然的嚴密整體。他把文化比做一條章魚。他說文化是一種連貫性很低但仍然有秩序可循的「章魚式」的系統。他認為章魚中的大多數觸角都是「各自為政」的肢體，彼此之間的聯繫都很差勁，不過還能連在一起湊合地活下來。記得您特別提醒您用的「導向」是複數，不知是否也有此意？

史華慈：我強調複數帶有此意。不過和格爾茨相比我更強調衝突與發展，這可能是思想史學者和人類學家的不同。我有意採取複數，主要是因為我認為我們很難在這些導向中確定到底是哪種導向最終提供了解決問題的鑰匙，也無法一勞永逸地確定這些導向彼此之間的關係。因為儘管這些導向涵蓋面很廣而且持續性很強，但它們始終沒有，也不可能形成一個靜止的完全整合的封閉的系統。東漢後佛教傳入中國的歷史就足以說明

中國人完全可以從印度文化剝離出一部分，綜合到自己的文化中。在這一點上我和後現代主義者不同，我認為儘管語言會帶來溝通的種種難題，但在中國文化中長大的人完全有可能發現自己對在印度文化中長大的人產生濃厚的興趣。這是因為人類畢竟有共同的關切和經驗。例如東晉許多知識份子即所謂玄學家，他們心中本來就存在「無」的問題，因此儘管當時佛經翻譯得並不太好，他們對印度佛教所說的話（例如有關「空」與「有」的討論）會產生濃厚興趣，其中不少人確實以為在佛學中至少部分地找到了他們所尋求的答案。當我們把這段歷史和「五四」比較時，就發現「五四」也有類似情況。「五四」那批人當時也是帶著自己的問題向西方尋找新出路的，其實，嚴復在他去歐洲之前已經對西方提出的一些問題有過很多考慮。中國人並沒有因為吸收了佛教從此就變成了印度人，我想也不會因為吸收一部分西方思想就變成了西方人。

劉夢溪：這種情況也許說明，文化雖然是不斷發生變異的，但文化內部的各種成分的變異速度並不相同，有的部分變化得比較快，有的部分則變化得比較慢，甚至有些部分可能變化得相當慢，以至於給人一種似乎不變的錯覺。但異質文化之間的接觸、移植、互位，可以推動文化的變異。

史華慈：是這樣。因此我們完全可以遇到一種情況，即中國人仍然熱愛自己文化中某一部分，而在另一部分，例如經濟方面，可以對西方人的思想感興趣。換句話說，化學化合物的成分是可以互換的，互換後的化合物本身也是可以起變化的。這種情況對西方人也同樣適用。大家知道幾乎每個西方人都喜歡到中國來，雖然目前對中國文化的其他部分發生興趣的人還不夠多。另外我還採用了「主控文化導向」（dominant cultural orientations）這個詞，因為在一個大的文化中即使在精英階層內部也總會有各種反主流的思潮向「主控導向」挑戰。例如，墨子和莊子的學說就對當時和後來成為主控的儒家導向提出有力挑戰。總之，且不談來自外部的衝擊，僅從文化內部而言，種種持續的文化導向之間的互動所產生的並不是某種整合的封閉結構，而是一堆懸而未決的由一大堆問題構成的「問題性」或「問題結構」。

林同奇：研究中國文化的大多數學者似乎都承認儒家是中國傳統的主控文化導向，但是也有人不同意，例如陳鼓應就力主「道家主幹說」；Chad Hanson 也有類似看法，他對中國思想採取道家的詮釋。劉夢溪先生不贊成「儒家中心說」，他認為儒釋道三家的多元互補是中國傳統思想的特點。國際性的儒學論說，現在也已經表現出您所說的「無法獲得確解的問題性」。

歷史沒有終結，現代性沒有結束。

史華慈：有些當代的文化民族主義者容易把文化內部的各種價值規範之間歷史性和共時性張力減少到最低程度，同時迴避作為理想的規範和現實之間的差距。為了肯定某種「民族認同」，他們不惜把過去描繪成一片光明，從而犧牲了文化的豐富性和複雜性。不論是西方的勝利者或者是非西方的受害者，雙方都有這種傾向。事實上，在中國一直就有人反對儒家就是中國，中國就是儒家的說法。反儒不是從「五四」才開始的。因為那些「問題性」一直延續下來了。問題性的延續在西方也一樣，可是，在西方曾出過一個觀念，可能在其他地方並未出現過，那就是我稱之為笛卡兒式的觀念（Cartesian notion），就是把現代和過去完全徹底地斷裂開來。可是在我看來西方至今仍然有許多東西受惠於古代文化，受惠於猶太人、羅馬人、希臘人。笛卡兒說我是從徹底全新的東西開始，從零開始，現代性就是某種徹底全新的東西。但在我看來「現代性」這個詞，正像「文化」這個詞一樣，它的內部一直有很多張力，現代性根本沒有結束。

　　前幾年，當時柏林牆垮後不久，有人如福山就說這是「歷史的終結」（the end of history），那不對，根本不對。現在他也修訂了自己的觀點。因為不管你喜歡不喜歡，我們也許沒有

預料到接著現代性還有個後現代性。現代性內部既然有種種張力，就一定會發展。因此，如果我們談起「五四」運動就得關聯西方現代性的發展和變化來談。所以我要把歷史帶進來，我認為「五四」發生的時期，即 1919 年這一年是非常重要的。因為如果我們看西方現代性的發展，那麼十九世紀和二十世紀很不一樣。十九世紀可以說屬於英美式的，可以說是科學和民主的某種結合，是自由主義的天下。但到了二十世紀，出現了危機，這危機集中表現在第一次大戰，戰後產生了對自由主義的強烈反彈。二十世紀有一股很強的反自由主義思想時起時伏，最明顯的表現是法西斯主義和共產主義的興起。「五四」運動發生的時機，就恰恰遇上了西方歷史或它的現代性發展中的這個轉捩點。因此我們需要考慮和對付的不僅僅是西方文化和中國文化，而且是歷史走到了某一時刻。那時，在西方就出現了所謂「未來的浪潮」（the wave of the future）這個問題。

我是生在 1916 年，十月革命前一年。我一生的大部分時間都親身目睹，即使在美國也有不少人認為，不是馬克思主義（馬列主義）就是法西斯主義才是「未來的浪潮」。因此，我並不奇怪「五四」的一些青年知識份子起初相信英美式的西方，但是十月革命一來似乎就改變了一切。我可以理解當時這批青年會對西方很氣憤。毛澤東不是說過嘛，為什麼老師老是打學生，對我們這樣殘酷？因此，十月革命正打在「五四」這個關

節眼上，於是在他們眼前出現了一個「新世界」，代替了那個「資產階級的舊世界」。其實，那時的蔣介石就很佩服墨索里尼，認為那才是「將來的浪潮」。因此我說我們並不是僅僅面對兩個相互對抗的抽象的文化，還得面對著具體的歷史。我認為「五四」發生在 1919 年這個歷史時刻是件非常重要的事。

劉夢溪：「歷史時刻」這個概念非常重要，在我的理解中，它的內涵非常豐富。一方面就歷史事件而言，為什麼發生在此一時刻，而不是發生在此前或此後？另一方面就文化思潮而言，何以這樣的主張大行其道於此一時刻，而另外的思想則不行於時？「五四」發生的歷史時刻，傳統與現代、東方與西方、文化與社會的變遷都交織在一起了；當然就總的方向來說，是中國傳統社會向現代逼近的一個契機。但人們對現代、現代性作出了各種各樣的解釋，因此對「五四」的理解也難免言人人殊。現代性的核心是什麼？研究現代性需不需要和各自的文化傳統聯繫起來？就文化的歷時性和共時行的關係而言，是不是可以有不同的現代性？都是現代性討論中無法規避的問題。

現代性的核心是一種「浮士德衝力」（Faustian Spirit），一種不惜一切代價追求知識的無限欲望

史華慈：現代性的核心是什麼？這是大家一直爭論不休的問題。許多人認為，現代性是科學革命或者經濟技術的合理化；有的人強調社會倫理方面的變化，認為是個人從人類的或超自然的權威中解放出來；有的人認為現代性的核心是推進人類的平等；有的認為是民族主義的興起並佔據主導地位。其實，即便在個人主義內部也是五花八門，從康德的道德自決到十九世紀的浪漫主義，到古典經濟學的經濟個人主義。而且現代性中自由和平等的關係始終是沒有解決的難題。至於經濟／技術和社會／倫理之間的關係究應如何，從盧梭和法國一些啟蒙哲學家的討論開始，到現在還是爭吵不休。韋伯把合理化作為現代性的中心當然很有說服力，不過我個人則想從哲學的視角來看韋伯的「合理化」所產生的種種結果。這樣可以說現代性的核心是一種「浮士德衝力」（Faustian Spirit），一種不惜一切代價追求知識的無限欲望，它影響了現代文化的每個方面。所以我認為如果我們談現代性的文化，和談傳統文化一樣，文化內部的那些中心導向（不論它們是什麼）所導致的、所產生的都是

一個巨大的遠沒有解決的問題性。

林同奇：您對現代性的這種動態的複雜的理解有助於克服中國文化討論中某些簡單化傾向。例如目前用韋伯的合理化理論來解釋現代性的出現，產生一些偏向：似乎抓住了合理化就抓住了現代性的一切。其實韋伯是把歐洲資本主義的興起作為一個他所謂的獨特的「歷史個體」（historical individual）來研究的，使用的是他所謂的「理想型分析」方法，並不是在尋找規律。有些研究者以為，中國走向現代化也必須照樣遵循西方這條全面工具理性化的規律，這樣很容易把現代性簡單化。因此有人提出中國文化現代化的第一位問題到底應該是「中西之爭」（中國文化和西方文化之爭）還是「古今之爭」（中國傳統文化和中國現代文化之爭）。

史華慈：凡強調和過去發生質的斷裂的人，多半認為基本的對立不在於西方文化和非西方文化之間，而在於傳統社會和現代社會之間。他們喜歡使用的比喻是生物有機體，認為所有文化或文明都像一個正常的生物個體，必得經歷某種單線型的發展。一般說來，許多認為西方的現代性具有普適性的非西方的知識份子，往往認為文化的歷時性對立比共時性對立更為重要，更加本質。其實古、今，中、西，所有這些對立都不是絕

對的。例如，在西方前現代文化的「問題性」中既含有種種有利於發展現代性的傾向，也含有種種不利於現代性發展的傾向。十六和十七世紀的科學革命固然得力於古希臘前蘇格拉底的那股哲學思潮，但是，正是主張這種看法的人認為亞里士多德的理性主義對科學革命並不有利。從近十幾、二十年的情況看來，和儒家有關的許多社會文化習俗對東亞經濟現代化進展有利，但是儒家思想中也有一些不利於現代化的因素。

偏頗的全球主義

史華慈：在某種意義上，後現代主義者是對的，許多文化都可以分解為各自獨立的部分，作跨文化的流動，這是文化的全球化現象。但是我對於像目前這種形式的全球化現象並不樂觀，因為在我看來它是太不平衡、太偏頗了（lopsided）。目前西方正在發生的一切並不妙。自從反自由主義垮臺以來，令人失望的是，我們似乎又回到了十九世紀前期，那時就是把自由主義（或民主）和資本主義的市場結合起來。現在我們又回到過去，那不是什麼新東西。當然，我很喜歡政治民主的觀念，但我不

贊成回到十九世紀，目前美國的潮流並不是什麼後現代主義的興起，後現代主義在美國實際上不太受歡迎。目前一股潮流是回歸十九世紀，特別是體制內知識份子只想回到自由市場，這是一種經濟主義，推廣到全球就成了一種偏頗的全球主義。在美國當我是個青年時正遇上了新政，那時，有一股把資本主義當成上帝的思想。我當時不是個馬克思主義者（也從來未曾是過），但在大蕭條時期我的同代人中有許多人認為（史達林）有他的答案。我不屬這批人，但我確實支持那種認為資本主義有許多缺陷的思想。我想我可以算是個新政主義者（New Dealer），我現在還是，我沒有改變。誠然，你想發展經濟就得運用某些市場原則，但羅斯福是資本主義者，而他卻相信資本主義應該受到控制、調整、限制。可是現在又回頭來認為一切問題都可以通過自由市場得到解決，我完全不同意。

劉夢溪：全球化的口號現在叫得愈來愈響了。經濟全球化，是就世界性的市場和運行規則來說的，比較容易理解。但文化怎樣全球化，也許還是個問題。我們居住的這個星球有各種各樣的文化，不同的文化之間可以對話，可以建立溝通，也可能發生衝撞、融合，而且必不可免地存在與全球化互動的問題。但我想不能指望全世界只有一種文化。文化的全球化，與其理解為一體化不如看做是世界上各個國家與民族之間的交往過程。

史華慈：我很同意你的意見，全球主義是非常偏頗的，我最近寫了一篇文章題目是「全球主義的意識形態與比較文化」，說是要譯成中文在香港發表（刊載於《二十一世紀》）。

跨文化溝通何以成為可能

史華慈：我不贊成後現代主義那套說法，認為各有各的傳述系統，大家無法進行跨文化溝通。我認為不同文化背景的人完全可以聚在一起討論比較哲學、比較宗教。我說了，即使文化在某種意義上是個整體，我們仍然可以從中提取一些課題，大家都很關切並展開討論。杜維明強調文明對話，大家都在討論宗教中超越和內在的問題。你（指林同奇先生）剛給我的討論牟宗三圓善論的文章也屬於比較宗教範圍，當然你用的詞彙大部分是西方的詞彙，但仍然可能進行對話。比較宗教只是一個例子。有些人類經驗的領域確實具有不可化約的獨特性，特別是藝術領域。例如中國的建築、青銅器、繪畫、菜飯、服裝都很獨特，但儘管獨特很難說就不可以溝通。例如，東漢以後中國不僅引進了佛教，也引進了印度的藝術，當然後來也中國化

了。又如山水畫這是東亞藝術的特色，但許多西方人很愛看山水畫，不少人跑去看中國的藝術展覽會。你可能知道在美國有一些正統的猶太人也非常喜歡吃中國菜。有時這些最獨特的東西反而引起最熱烈的溝通，這真是個弔詭。當然，抽象的概念也一樣可交流，例如孔子關於家庭及其功能的看法是通過中國的文化導向折射出來，亞里士多德的有關看法是通過古希臘的文化導向折射出來。但是儘管遇上翻譯的巨大困難，兩者事實上是可以溝通的，它們所討論的是可以溝通的課題。事實證明文化的許多部分是可以到處流動、旅行的，食物和藝術只是顯例。

劉夢溪：中國的飲食文化有特色，藝術方面，繪畫，特別是書法自成格局。書法的信息量很大，中國文化的精神在書法裏面表現得非常充分；同時書法是高度抽象的藝術，尤其草書，其實很有現代感。

史華慈：中國宗教也有特點，但同樣可以溝通。「宗教」這個詞就是從日文譯過來的。「宗」在日文裏相當於「宗派」（sect），「教」在漢語中則帶有現代「宗教」的一些含意，雖然還有別的含意。

劉夢溪：漢語中的「教」字有多重含義，先秦典籍經常指教化；

《論語》中「教」字出現的次數比較多,大多數也都是指教化之「教」,如「有教無類」「子以四教」「以不教民戰,是謂棄之」等。中國傳統文化有重教的特點。

林同奇:牟宗三把中國儒道佛「三教」中的「教」字界定為「依理性通過實踐純潔化一己之生命」,他對「教」這種界說和通常理解的宗教有相通之處。這種看法使溝通的空間相當大。

史華慈:中國講的「教」有教化的意義,也有宗教的意義。但是在西方,宗教和非宗教、神聖和凡俗分得很清楚,西方有人把上帝描繪成一個帶鬍鬚的老頭。可是朱熹就傾向於神是不能加以描繪的。中國人多說「天」,但《詩經》中的天就有兩種:人格化的和非人格化的。後來天逐漸向一種非人格的秩序發展。不過這問題在中國始終並沒有徹底定下來。在孔子那裏,一方面他說:「知我者其天乎!」這意味著人格化的天;可是另一方面他又說:「天何言哉?四時行焉,百物生焉。」似乎又意味著一個非人格化的秩序的天。

劉夢溪:您說得很好。孔子對天的看法是比較理性的,雖然尊仰,卻不想作深入探求,某種意義上是一種不可知的態度。大的轉變是漢代的董仲舒重新解釋天的意含,把天「人格化」,

提出「天人合一」思想。但董生的理論主要在於論證統治者權力的合法性，和宗教思想仍有區別。倒是民間對天的看法，更帶有宗教性。朱熹對天的看法也很有意思。

史華慈：朱熹既談「理天」，也談「氣天」。中國人心目中的天似乎可以說「馬馬虎虎」，不著意去分得那麼清楚。不過，總的趨向是中國強調非人格化的秩序的天，西方則強調人格化的具體的神。雖然強調的方面不同，但是大家心中關切的「問題性」是相同的。因此我對跨文化溝通抱樂觀態度。

語言、邏輯與宗教

史華慈：有的學者認為語言對思維有決定作用。例如 Chad Hanson 認為漢語中沒有冠詞，因此不適合抽象思維；有的學者則據此進一步認為語言不同，跨文化溝通極端困難，這有些誇大。我不同意 Hanson 的看法。誠然在希臘語言中抽象的事物與具體的事物分得很清楚，便於邏輯思考。但中國的《墨經》也在討論邏輯，也談必要條件和充分條件的區別，用的都是中

國語言。語言中有沒有冠詞 a 和 the 的區別對討論邏輯有些影響，但並不那麼大。俄文裏也沒有冠詞，只說「書在桌子上」，並不說「這本書在這個桌子上」，因為在具體的語境中意思總是清楚的。也可能有定冠詞和不定冠詞的區分，談起邏輯來方便一些，但語言沒有那麼大的影響，我不是語言決定論者。

劉夢溪：關於中國古代的邏輯思想是怎樣的，以及中國人的思維方式和西方人是不是有所不同，學者中間有很多討論。在這個問題上，我認為人們通常誇大了相「異」之處，其實「同」比「異」要多得多，也重要得多。還有宗教問題，中國的傳統是不崇尚一神論，特別民間信仰，多神主義是顯著特徵。

史華慈：長期以來西方是一神論，但有的思想世界不同，有很多神。多神在中國就一直保存下來。菩薩、鬼神，以及像「夔」這種獨腳神（劉夢溪：「夔一足」），還有祖先也可算在內。你是不是認為朱熹以為祖先還活著？

劉夢溪：朱熹很重視對祖先的祭祀。

史華慈：朱熹認為靈和魂是分開的，氣凝結在一起成為魂。他認為在祭祖的時候，祖先的氣凝聚起來成為魂，祭祀之後氣又

散去。他對鬼神並沒有作明晰的描繪。印度和中國「無」的概念都很強，允許一定空間容納多神的地位。佛教也給多神留下餘地，不像猶太教、基督傳統沒有多神存在的餘地。朱熹有可能真信有鬼神，但他不認為這些是很重要的現象。中國的人間世界和鬼神世界不一定分得那麼清，中國皇帝不僅要控制人間，而且還要控制鬼神世界。中國人把「神」（divinity）變成多數的神祇（dieties），可以說是一種把世間「非神（聖）化」（dedivinization）的傾向。希臘人也有過以某種方式削弱神的角色的企圖，例如前蘇格拉底的一批哲學家，他們對荷馬的多神世界做出反彈。在這點上，希臘人有點像猶太人，只不過希臘哲學家是把多神世界抽象化，猶太人則從多神發展成一神，走向很不一樣。這是個很有趣但是非常複雜的問題。如果加上民間宗教，那就更複雜了。這些前蘇格拉底哲學家對好久以後西方的科學革命發生了相當大的影響。

劉夢溪：這不單是宗教問題，已經涉及到對整個宇宙的看法了。這方面情況，您能否多談一些？我覺得東西方觀察宇宙的方法、角度，似乎有所不同。

史華慈：在西方我們一談起宇宙，就喜歡談「結構」：宇宙的結構、自然的結構等等。但是中國人談到宇宙或大自然很少

用「結構」這個詞，中國人喜歡用「道」這個字。「道」和「結構」很不一樣，「道」似乎更加整全化、有機化，比較動態靈活，而且「萬物生於有，有生於無」。那個「無」孕育、包涵這整個「有」。而在古希臘有一種思想，就是把宇宙中的一切，即中國所謂的「萬物」都還原成某種元素，如水、火，或空氣等，或還原為原子，像德謨克里特的原子論。中國是採取五行之說，「二氣五行化生萬物」，整個自然是豐滿的，而且如此豐滿以致可以充滿種種神靈。這不是化約主義（reductionist），不是把一個很複雜的現象化約成一些簡單的東西。希臘人採用「結構」這個詞，是因為他們認為如果你把這些小元素取出來放在一起，就產生了一個新結構；可是中國，當一個新東西產生時不談結構而採用「生」這個字：「道生一、一生二、二生三。」西方十七八世紀的科學革命基本上是回到希臘，如果你把數學邏輯和化約主義放在一起，把畢達哥拉斯的數學理論（他把數作為萬物的原型）和德謨克里特的原子論結合在一起，你就可以得出某種現代科學的原型。文藝復興的精神之一就是回到希臘，把兩者結合起來。當然現代科學不是一下子就產生出來，還得經過一段時間。

劉夢溪：您也認為中國古代沒有科學嗎？您對李約瑟和他的《中國科技史》有何看法？

史華慈：他當然是個了不起的人，不過我和他有過爭論。他很強調科學應該遵循有機論，將來的科學可能更像中國人的思想，更加有機化。將來是否如此我不敢說，但在過去——我知道我這樣說難免有些簡單化——西方卻是用數學、邏輯加化約主義來搞科學的。我不是否認中國有不少觀察，對自然的經驗性的觀察，但是——這也是我個人的看法——中國人過去沒有把數學—邏輯和原子放在一起變成一種結構。我認為李約瑟所說的中國的有機觀，可能和中國對人文和社會的觀察有相當密切的聯繫，例如，可能是出於和國家官僚體制的類比而產生的一種構想，和生物學有機體的聯繫反而較少。

林同奇：David Hall 和 Roger Ames 在這點上和您有類似看法。他們是從他們認為中國文化獨有的能就近取譬的「類比」思維方式出發，認為中國對大自然所形成的圖式，如以五方理解空間，以四時理解時間，以對偶來理解宇宙等等，都顯然帶有中國文官體制的印記。不過中國的有機觀的形成經歷了漫長的過程，從殷周時期已經開始，應當和觀察自然也有密切關係。

劉夢溪：中國人的有機整體思想、整體的自然觀，很早就形成了——林先生說得對。只是在觀察自然時，傾向於不把人與自然分開，這種思想形成得也比較早。

史華慈：我並不崇拜科學，我認為把自然科學的模式應用於人文學科是錯誤的。當然，科學還是需要的，許多東西我們現在還搞不清楚。但我不崇拜科學，我覺得中國諸子中，最接近西方現代科學的可能是後期墨家。《經說》繼承了墨子注重實用、常識的觀點，從感覺出發，並且發展出一套邏輯概念，但是《經說》這一套並不是有機觀。

劉夢溪：墨子在先秦作為諸子百家中的一家，當時的影響是很大的，孟子曾說楊墨之言盈天下。但後來似乎中斷了，沒有統貫傳承下來。晚清興諸子學，重視科技，學術界又開始重視墨子。

史華慈：墨子一派屬於我所說的反抗主控導向的思想家。當然，在西方同樣也有反主控導向的思潮。例如你不能說因為西方主控導向是一神論，就沒有某種與神合一的神秘主義潮流。大家知道在中世紀這種潮流的代表人物如 Johannes Eckhert，他曾給馬丁·路德以很大啟發。在這方面我不是專家，只是個人的一些意見。

劉夢溪：可否請您談談對今天的中國、對中國的文化界的看法？

史華慈：我不是預言家，也不信預言。不過我感到在中國目前有一種提法不對，例如我們到底應該回歸傳統還是和傳統決裂，這提法本身是錯誤的。我想事實上將來會有些中國人被美國文化的某些部分所吸引。我自己並不欣賞美國現在的文化，毋寧說我很反對美國現在的文化。中國人裏邊很可能有人對中國文化的某些部分很喜歡，但不喜歡其他部分。像我一再強調的，文化本來就是一種很鬆散的東西，內部一直爭吵不休。也許我這種看法是西方的，因為在中國把文化看成一個整全合一的東西，似乎更具有吸引力。我還是傾向於用化學化合物的比喻。也許你們知道最近美國一位人類學家 Golten Anches East 寫了一本講麥當勞（McDonald）速食店在東亞的書，他應該算是屬於抱文化整全觀的學者，可是他發現當麥當勞速食店進入中國後，有些地方就帶上了中國的味道。他說在美國的麥當勞店員對顧客總是興高采烈，笑臉相迎，但在中國，店員對顧客就比較冷漠；可是在許多其他方面還是保留美國的一套，例如廁所較好，青年人都喜歡在那裏聚會。當然這個例子不一定典型。中國人好像傾向於把文化看成一個整全的東西，這種文化觀容易和民族主義結合，我比較擔心用文化來為民族主義服務。

現代性和民族主義

林同奇：對中國而言，當前應當如何對待民族主義，是一個比應該如何對待現代性更加棘手的問題。

史華慈：民族主義和現代性同樣複雜。我和有些西方學者不同，我認為現代性應該包括民族主義在內。但是和現代性一樣，民族主義也和過去有密切聯繫，不能和過去斷裂開來。希伯萊的《聖經》中有許多氏族，中國春秋戰國時代的不少邦國也都有各自的文化、語言、地區。他們或多或少帶有現代民族國家的某些特點，但它們都沒有發展成現代民族主義那樣把民族國家（nation-state）看成一種「終極性群體」（terminal community），一種可以經廣大群眾提供幾乎是準宗教的（quasi-neligious）意義中心。民族國家不僅是達成富強的手段，而且幾乎變成一種從人類領域內湧現出來的一個「神」（diety），足以給予參與他的榮耀者帶來生活的意義，帶來光榮感和自豪感，某種和終極事物相聯繫的超越性的情感。而且，奇怪的是民族主義作為一種準宗教，並不必然需要有一個歷史上長期存在的現成的民族作為前提。例如由殖民列強任意劃分的一些非洲的領十就可以用殖民當局遺留下來的國家機構作為中心，建

立一個民族主義的注意中心。過去的蘇聯雖然是一個多群族的帝國，都可以儼然自稱為一個民族，並產生相當可觀的愛國主義情感。有人認為甚至在歐洲也是國家（state）創造出民族，而不是由民族創造出國家。我覺得我們至少可以說當初世襲的領土式的國家對創造現代民族的形象起了明顯的推動作用。目前世界上大片地區興起一股民族主義思潮，它的前景如何，很難確定。有人預測經濟、科技的全球化終會夷平民族主義的山頭。但是我們知道早在十九世紀早期就有許多古典經濟學家認為民族主義是一種時代錯置的現象，可是兩百年過去了民族主義至今未衰。

劉夢溪：您對民族主義的解釋很精闢。不過以我的觀察，我實在看不出現在的中國有多少民族主義的東西。即使有也是不成氣候的。我來美國後，看到輿論一窩蜂地講中國的民族主義，感到很奇怪。近二十年來的中國改革開放，對外國的東西、對西方的東西，大規模地引入，看不到有什麼排拒。社會制度有區別，但領導者的態度是廣交朋友，不是排拒的態度。就文化而言，中國尚處在解構與重建的過程中，不會出現神聖的帶有「準宗教」式的「意義中心」。您剛才說有人認為，是國家（state）創造出民族，而不是由民族創造出國家，我感到這是一種很有現代意義的觀點。如果這個觀點成立，那麼對民族主義

應該有新的界說。就是說，美國也有自己的民族主義，也要提防民族主義的膨脹。

林同奇：Paul Tillick 在討論「終極關懷」一語的含義時，也把民族主義叫做「準宗教」，因為他認為民族固然代表一種權力結構，但是它可以給人提供一種終極意義。這點和您說的「終極性社群」類似。

史華慈：實際情況非常複雜。民族主義本來是一種對於本民族的特殊主義的情感，似乎沒有必要宣稱自己的民族擁有某種普世性的真理或價值。但是事實上，許多民族都宣稱自己是這種真理或價值的載體。例如「美國生活方式」「蘇聯式的社會主義」「法國文化的文明化使命」等等。處理這類思想相當麻煩，因為其中潛伏著強烈的民族主義（**劉夢溪**：是這樣，您講得非常好）。儘管我們談了很多全球化現象，可是民族主義即使在「工業化的民主國家」中也絕對沒有死亡。美國一直就有所謂「美國主義」。我認為中國如果一切發展得很好，很順利，中國文化的許多方面還會保留下來，但也摻入許多新的因素和混合物，這是好的結果。壞的結果就是民族主義者對中國文化的詮釋佔了上風，那就不好了。

劉夢溪：中國現在是一種比較鬆散的情況，連經濟模式都多種多樣，國營的、集體的、私營的，還有外資、合資等等，自己文化內部保持著很強的張力。剛才談到，在中國的文化傳統裏面，確有消解權威的成分。自己不斷地反自己的傳統，是中國文化的特點。以「準宗教」的態度詮釋中國文化，這種情況不大可能出現。您對亨廷頓教授的「文明衝突論」怎樣看？

史華慈：我和亨廷頓教授很熟，但我總是告訴他「你太簡單化了」。中國文化內容很多，內部有許多張力，而且隨時間推移會發生新變化，不是儒家一統的天下。不過我想亨廷頓可以在中國很快傳開，原因之一也許正是因為中國確有一批民族主義者，認為中國文化是一個單一的整體。

文化的全面商業化是非常可怕的事情

劉夢溪：您講得很深刻。不知道您對西方或對美國文化有什麼看法？

史華慈：這是個大問題，一言難盡。我對西方文化難免有些個人的偏見，我確信西方文化的一個偉大貢獻是憲政民主（constitutional democracy）。這是個很好的觀念，儘管克林頓醜聞足以說明這個觀念還沒有得到最佳表現。可是，在我看來憲政民主並不是必然要和放任的不加調節的市場經濟聯結在一起。我不同意許多美國人的看法。他們在某種意義上倒有點像馬克思主義者，相信經濟是基礎的學說，認為一旦你有一個充分發展的經濟，你就必然會得到民主。我並不反對市場經濟，但是我認為市場需要調節、控制。我不贊成烏托邦主義，我也不認為憲政民主就會帶來烏托邦。克林頓這件事可以充分說明這點。但我確信政府的各個階層都不應凌駕於法律之上，最高層領導也不應例外。應該有一種法律可以管制政府的最高層。這不會給我們帶來烏托邦，我只稱之為「遊戲規則」。我感到儘管中國正在執行資本主義的一些規則，但似乎仍然認為最高領導可處於法律之上，特別重要的是規定權力轉移、繼承的法律。我是個新政主義者，深信在經濟領域政府需要扮演重要的角色，但政府行為必須在法律範圍之內。我不相信小政府，我認為大社會就需要大政府，但大政府也要根據法律行事，有個界限。當然這個界限可以也應該根據歷史條件不斷調整。從這個角度看，臺灣經驗可能是一個饒有興趣的經驗。我想再次強調，我不認為依據這套「遊戲規則」行事就會產生烏托邦。

我們不可避免地會遇到種種困難，美國當下就遇上了可怕的危機。

林同奇：聽說您對當前美國的情況相當悲觀。

史華慈：是的，使我感到悲觀的是由於美國的商業化，一切都商業化，全面搞金錢崇拜，這就很糟糕。雖然我從來不是個馬克思主義者，但有件事我認為馬克思說對了，他認為由私人全面控制財富就必然會導致對政府的控制。當然我是老年人，說的可能是老人話。我認為文化的全面商業化確實是件非常可怕的事。

劉夢溪：有辦法扭轉這種情況嗎？

史華慈：唔，有那麼一點點希望。因為愈來愈多的人在美國開始意識到這個問題了。現在做每件事最關鍵的問題是錢，幾乎人們做的每件事都僅僅是為了錢。當然美國歷來就被認為是一心追求金錢的國家，但是我算是活得長壽的，可我卻從來沒有看到過像今天這種情況，簡直可以說是荒誕離奇。你只要看看電視就知道了。年青人會說你們老頭子總是這麼說，不過，現在有更多人談論這種現象了。

劉夢溪：今年是二十世紀的末尾，很快新世紀就到來了。我們今天的談話，也許是在一個很重要的歷史時刻。對下一個世紀、對二十一世紀，您有何展望、期待？

史華慈：唔，我希望會出現更多的全球化現象，我指的是一種更加平衡的全球化。我上面說過現在的全球化太偏頗，完全偏倚於經濟和技術方面。如果我們能把文化帶進來，就會平衡一些。我不是說這件事馬上就會發生，不過這是個機會。我們可以比較過去的種種文化經驗。例如，當我參加一些比較文化的會議，人們完全可以跨文化地、相互尊重地彼此交談，我就感到很受鼓舞。可惜目前只能在一小批人中間進行。我不認為全球化就意味著放棄過去的各種文化傳統，我們可以讓全球化更加多面化，豐富多彩。我擔心的另一件事是經濟的全球化如果沒有任何全球性的政治控制可能不行。金融投機家索羅斯（Soros）最近寫了一本書，認為如果我們有了全球化的經濟，我們就需要某種類似世界政府的東西來控制全球經濟。我倒不是說應該有個世界政府，但應該引進一些政治因素來管理經濟。我認為政治無需完全服從或決定於經濟，因為政治意味著由人來作出決定，不是一切都由一種所謂「市場的神秘力量」來決定。經濟全球化了就應該有某種程度的全球政治結構。其實我們已經這樣做了，例如對全球金融貨幣市場的控制。只不

過擁有這些貨幣的人想要全部由他們自己作出決定。當然，我只是希望能出現這種情況，到底能否出現我卻不知道。

「保守主義」和「新傳統主義」

劉夢溪：能不能談談第四個問題，即「五四」前後思潮的保守主義、自由主義和激進主義的「三分法」問題。我對保守主義的提法相當保留，特別對文化學術思想，無所謂保守不保守。

史華慈：我其實不大用保守主義，特別是談文化時我傾向於用新傳統主義。我對那批對「五四」運動主流思想反彈的人很有興趣。我認為保守主義和傳統主義是不一樣的，例如嚴復，他是保守主義者，可是有一段時間他的思想大部分卻是西方的思想。劉師培是一位無政府主義者，還有梁漱溟，我稱他們為新傳統主義者。

劉夢溪：新傳統主義這個概念很好，非常適合晚清、「五四」前後文化界的一種思潮。保守主義的提法過分籠統。到底是政治

劃分，還是文化劃分、思想劃分？

史華慈：即便在政治思想方面也很難說誰是保守主義，例如說蔣介石是保守主義？章太炎是保守主義？

劉夢溪：用傳統主義比較容易解釋清楚晚清、「五四」那批人物。許多人，例如嚴復、章太炎、王國維、梁啟超等，早期都是很激進的，但後來回到傳統主義上來了。

史華慈：早期的嚴復和早期的梁啟超，他們都很受社會達爾文主義的影響，主張漸進，都反對孫中山，說中國人還沒有想革命，用 Herbert Spencer 的演化論為自己辯護。

劉夢溪：梁啟超在戊戌政變前思想比較激進，政變後不激進了。王國維、陳寅恪思想上很接近，都重視中國自己的傳統。

史華慈：但王國維也很受西方思想的影響，如叔本華、康德。

劉夢溪：中國思想界現在有一種看法，即認為晚清以來如果不是用激進的辦法，而是用漸進的辦法解決中國的問題，後來的局面可能會好一些。陳寅恪的這種思想很強烈，許多詩文都有表現。

史華慈：不過一切都和當時的時機有關。現在，當然我們都看到東歐、蘇聯的共產主義世界垮臺了。可是我認為我們得把歷史算在內。例如那時是 1919 年，有許多人像陳獨秀那樣相信十月革命會很快傳開來。一旦談到兩個相遇的文化的處境（content）時，文化雙方其實都在不斷變化著。談到後現代主義，許多中國知識份子喜歡來自西方的一些新的理論。但後現代主義在美國現在有許多人就是討厭它，就是在大學裏人們也認為它很糟糕，它的論敵現在很活躍，並沒有銷聲匿跡。實際上後現代主義目前已處於守勢了。

劉夢溪：聽說在慶祝您光榮退休的聚會上您曾說：「有的人愛中國，有的人恨中國，我尊敬中國。」我認為這是充滿理性的話，我非常欣賞。您一生研究中國，這種感受非常寶貴。

史華慈：應該說，我也愛中國。

第二次談話

中國文化背景下的宗教與信仰

劉夢溪：上次我們交談中，您提到語言對思維的影響並不像人們想像得那樣大，我覺得這是一個重要觀點，可否請您對這個問題再作些說明？通常的說法，都認為語言是人與人之間交流的工具，您是不是認為語言不同，也可以交流？另外，宗教和信仰問題，我們國內學術界正在討論儒學到底是不是宗教的問題。

史華慈：二十世紀有一種觀念，認為語言決定一切文化事物，他們幾乎把語言本身看成最終極的原因。我的看法不一樣，我認為語言的差別固然很重要，但我不認為我們因此就不能把一種語言翻譯為另一種語言，或者說中國文化是被中國語言所決定的。我認為思想可以超越不同語言的界限，當然這是相當困難的。我想你心中的問題可能是：既然我講的是英語，是不是我就不可能翻譯《論語》。我想翻譯《論語》是非常困難，沒法做到不借助任何字典就可以給你一個清楚明白的答案。但我相信如果我讀得很多，我或多或少總可以理解《論語》。其實，

即使在西方有的人說的是共同語言，仍然不能對有些詞的意義取得一致意見。這是因為不管西方文化和中國文化，文化內有許多派別。如果你讀了中國歷代對《論語》所作的各種注釋，從漢代到清代，你就發現中國人自己之間就對《論語》中一些詞的含義持不同意見。西方也一樣，例如對柏拉圖文本的解釋就有很多不同意見。我認為這不僅僅是語言的問題，而是思想的問題。在西方我們有 nature 這個詞，譯成中文是「自然」。但到底「自然」是 nature，還是 nature 是「自然」？甚至在我追問 nature 在中國是什麼意思之前，nature 在西方到底是什麼意義，已經是一個爭論不休的難題，因為文化內部總是有很多的問題。

劉夢溪：是的，上次您講文化是很鬆散的，這是非常精彩的見解。

史華慈：我不知道這是不是你（劉）的問題。你（林）寫的關於牟宗三這篇文章，談宗教問題，其中用了兩個詞，就是「超越」和「內在」。我知道有人說亞洲的宗教都是內在的，而西方的一神教則完全都是超越的。其實超越與內在的關係很複雜。例如猶太教或基督教都認為上帝是和現象世界分離開來的，但上帝也可以和你非常貼近。佛教和道教可能更強調內

在。我想在猶太教（不是基督教，因基督教更複雜些）看來，一個人永遠不可能和神完全成為一體，就是說，不可以說道心與人心是完全合一的。可是在猶太教也有人說，人和神可以非常之貼近，像米開朗基羅（Michiangelo）在西斯廷教堂（Sistine Chapel）中的那張名畫，上帝和亞當雙方的手指就非常接近，但是其中就有一點點距離。可是在中國談到聖人時，道心可以和人心合一。我不認為這類問題可以輕鬆容易地得到解決。你文章中提到的善和惡的問題，我認為也不是一時能解決的，因為所謂「萬物」之間總是相互衝突。當然這些都屬於「高級」宗教範圍，我們還有民間宗教。我想說的是，大家可以很友好地討論這些很深刻的問題。但是在現代世界中，宗教卻和所謂群體仇恨（communal hatred）連在一起，宗教成了群體仇恨的工具。但是比較宗教卻可以很友好地和大家在一起討論問題。一旦宗教和政治攪在一起，像在印度，宗教成就本來很高，又和所謂「群體主義」（communalism）結合起來，就成了仇恨的工具。

劉夢溪：中國沒有西方那樣的嚴格意義的宗教，不會出現原教旨主義那樣的教派，因此歷來很少有宗教衝突。儒學是不是宗教雖然是尚在討論的問題，但歷史上儒、釋、道「三教合一」的現象，確實是真實的存在。中國文化裏面的宗教思想，是很

富包容性的。這種情況對中國現代文明的建構也許有潛在的意義。

史華慈：不過，中國政府一向對民間宗教存在戒心。儘管中國的統治階級人物甚至也參加了這些民間宗教，但是政府對民間宗教一直保持戒心。

劉夢溪：因為民間宗教常常是民間聚會結社的政治活動的方式，像白蓮教，包括太平天國使用的拜上帝會的方式。我想這是由於反叛者試圖建立自己的權威，請「神」來護法，建立自己的合法性。

史華慈：是的，應該是互為因果。關於中國民間宗教（當然祖先崇拜除外，那是官方宗教的一部分），有一件事值得注意，就是「巫」可以不通過政府直接和神靈接觸，這樣有時使它和政府之間產生了很大的矛盾，所以政府就要控制民間宗教。

劉夢溪：「巫」確實是中國文化中的特異現象，特別是殷商時期，巫的作用大得驚人，有時和國君是一回事。「絕地天通」就是指巫的特殊作用。巫一度是專職的神祇人員，有點像西方的牧師，但神通比牧師大得多。巫是能夠直接實現和天神聯繫

的人，後來，<u>巫</u>的地位下降了，再後來，只有民間還有他們的活動，朝廷看不到他們的影子了。

史華慈：上次我談到了中國的政教合一。在西方有的宗教的領袖可以超越政府之上，像天主教的教皇就是超越民族和國家之上的。中國現在對宗教比較擔心，我認為還有政教合一的思想存在。你說的中國文化思想裏面對宗教的包容性，要看怎樣理解。

劉夢溪：我是說中國歷史上各種宗教教派之間的衝突不像西方那樣嚴重。首先儒學富有包容性。佛教的容納性是比較大的，佛教的各宗派之間，主要是理念上的爭論。佛教和道教也可以相安。

史華慈：這要看你談的是中國歷史的哪一部分。當佛教的一套廟宇寺院制度傳入中國時，有位名僧就主張沙門不拜皇帝。但在中國雖然佛教有獨立的寺院，卻沒有一個像天主教那樣龐大集中化的教會。我想在唐朝，佛教和政府之間有某種「契約」一類的東西或默契，在某種情況下寺院地位仍在政府之下，但政府並不去干擾寺院。當然在西方宗教之間因教義引發的衝突比中國要多得多，可是問題也不那麼簡單。現在中國一方面對

民間信仰（也看哪種信仰）寬鬆了一些。但是，正如我所說，一遇上有高度組織的宗教（如天主教、喇嘛佛）時，就不完全一樣了。

林同奇：我覺得超越和內在的問題，或者說天和人之間的距離有多遠的問題，有很大的彈性。對一個宗教信徒而言，有的時候天可以很遠，有的時候天就在你心中。在教義層面，即 Smith 所說的「信念」（belief）層面，各大宗教說法不一，有時距離很大。但是當你進 Smith 所謂「信仰」（faith）層面時，每個不同宗教的信仰者可以跨越不同教義界限，而相對地接近起來。

史華慈：我想不論在中國或西方，這場爭論都會繼續下去。但是中國（還有印度）更多地傾向於內在。其實猶太教雖然講超越，但也有 Hasidim, Cabala 這類神秘思想。天主教內部也是如此，在基督教也有神秘主義思想。中國雖然以內在為主，但也有超越的思想，甚至莊子有時也談「造化」，「造」就有點像西方一神論的「創世」。「造」個什麼東西，朱熹談到天的時候，有時好像也是超離的，例如他也說「造化」。中國人思想中有「造化」這個觀念。那麼，「造化」是什麼東西？

劉夢溪：「造化」一詞不容易有確定的解釋，有時指天地、大自然，有時指冥冥中的一種不可知的創造力，有時也指運氣。例如一個人是否能夠實現自己的重大願望，常常被說成是不是有造化，這是指與天地感應的程度。

史華慈：可是朱熹有時卻把天說成「主宰」，像個 ruler。但他又說不能像世間塑像。他還說氣天和理天不同，相當複雜。因此我們可以在西方找到內在的思想，在中國找到超越的思想。當然雙方強調的重點不同，但雙方的內部都在爭論。我想牟宗三也沒有解決這個問題。不過，在比較宗教中我們可以彼此對話。

「後現代」和笛卡兒式的「斷裂」

史華慈：西方出現了一件事在中國沒出現過，那就是我所謂笛卡兒式的斷裂（the Cartesian breaks）。我不是指笛卡兒一個人，我指的是一種徹底的二元論。其實笛卡兒本人並沒有完全這樣做，因為他仍然相信上帝。根據這套二元論，一方面是整套的

科學，對物質的機械論看法；另一方面就是物質的對立面，它不是上帝而是人這個主體心靈。兩個世界：主體（心靈）和物質徹底完全地分開了。我想笛卡兒從來就沒有把雙方放在一起過。這是一種非常激烈的看法，我稱之為所有出現過的最激烈的二元論。可是這種二元論卻充滿活力。科學家的心靈和物質的世界完全分離開來。從哲學思想上說，這一套很可能就是我們如今所謂現代化的核心。

至於怎樣才能把這兩方面聯繫起來，我想一直到現在都沒有解決。在西方到了十八九世紀，有許多人對於僅僅存在著個人主體感到失望。到康德他談的還是個人的主體。但許多人都認為人不只是一種個人的主體，還必須引進人的社會性。首先出現了休謨，他對主體採取非常懷疑的態度；後來更有人想根本取消主體這個觀念，代之以社會或者語言等等。二十世紀就是以語言代替主體。他們事實上都攻擊笛卡兒，轉而談文化、社會、歷史。黑格爾就把歷史看成自身獨立發展的過程，前進的動力再也不是個人了，而成為社會歷史。不過，後現代主義也攻擊主體，也攻擊個人的主體。但在我看來，他們所做的，其實馬克思早已做過。馬克思在《費爾巴哈論綱》中說過（從其現實性說）「人的本質不是孤立的個人而是社會關係的總和」。不過在我看來，這是把某種稱之為「社會」的東西實體化了，社會變成了某種稱之為動力體系或系統的東西。但是有

一點需要注意，那就是馬克思有所謂「異化」的觀念。他認為資本主義中人異化了，可是一旦你進入共產主義烏托邦，個人就可充分發展自己，因此他的思想可以說是「終極的個人主義」（ultimate individualism）。但在烏托邦實現以前，人的本質是社會關係的總和。

劉夢溪：您把後現代和馬克思聯繫起來很有意思。但馬克思在《手稿》裏面講的「人」和《論綱》中提到的「人」似乎有區別，《手稿》更重視「人」的回歸。

史華慈：因此從最終目標講，馬克思可以說自然是某種主體性的個人主義。只是他認為在中間一段歷史過程主體異己了，消失了。而這種過程是一個令人非常痛苦的長期的過程。

劉夢溪：可是其中有個問題，就是馬克思的學說特別強調客體對主體的決定作用，因此有人覺得在這種學說裏面，人的主體已經被消融到客體中去了。雖然我記得他解釋過「我從來也沒有輕視過主體的作用」（大意），而且恩格斯後來還作了強調。

史華慈：不過，這看法未必是馬克思本人的看法。馬克思本人是很反對異化的。我想馬克思主義者內部這場爭論還會持續下

去。但有一點我覺得很重要，就是笛卡兒非常重要，這不只是因為他強調了主體，而且是因為他強調一種完全徹底的二元論。一方面是人，是人的領域，人類中心論；另一方面是世界，物質的世界，不管人是作為集體還是作為個人都和物質性的世界完全彼此斷裂了。換言之這種主張帶有深刻濃厚的非宗教、無宗教的涵義（profounaly non-religious and irreligious）。即使你不說是個人，而說是社會歷史，你談的仍然還是僅僅限於人的領域。像社會、歷史都屬於人的世界，因此人的（human）世界和非人的（non-human）世界之間的斷裂依然是完全徹底的，而那個非人的世界自然則完全可以用科學來解釋。只有通過科學、物理學，我們才能進入那個非人的世界。我不是非理性主義者，我相信科學，我認為科學告訴我們許多關於世界的實際情況，儘管科學不可能告訴我一切。這就是為什麼我認為所謂「後現代主義的革命」根本不是一場革命，因為它依然卡在一個老問題上，即人的世界與非人的世界的對立。你可以說人已不再是一個主體了，主體已被消解了，但你仍然是和物質世界對立的人。

劉夢溪：現代性不應該只是一種模式，應該是多元的。

史華慈：是的，迄今在非西方的世界，西方的現代性中只有某

一部分站住了腳。我們不能一談現代性就是一個整全性的文化，我們會得出各種各樣的新的配備組合。

中國研究的文本與詮釋

劉夢溪：我想再問一個問題，我們常把信仰和宗教連在一起，有的時候是不是信仰也可以不和宗教連在一起，有沒有沒有宗教的信仰？

史華慈：我想這個問題在很大程度上決定於你如何給宗教下定義。我想「教」在中國包括許許多多東西，如「政教合一」中的教，既包括許多我們現在所說的宗教現象（但不是所有宗教現象），也可以意味著「經世」、政府的政策、教化等等。過去大部分的宗教談的是人如何與不屬於人的或超越的世界發生關係。如果把由一群人構成的集團樹立為一種也許可以稱為「神」的東西，但並沒有終極性。

劉夢溪：能否再談談我的提綱中的第一個問題，即您是如何進

入中國研究這個領域的。

史華慈：我想偶然事件在我一生中扮演重要角色。我想我已經告訴你我是經過軍隊才進入我的研究領域的。在此之前，在大學我學的是法國文學。那時，當然那是在後現代主義出現前很久，我在哈佛教授文學，幾乎把它當做思想史來教，我倒很喜歡這種做法。我愛文學當然也因為文學很美，但我感到文學也像某種思想觀念的歷史，例如我那時在哈佛寫的學士論文是關於巴斯噶（Pascal）。

劉夢溪：我也是學文學出身，後來轉向了學術史和思想史。您講偶然事件在你一生中扮演了重要角色，非常重要。每個人都是這樣，未來不是設計出來的，自己設計不出來，別人也無法替你設計。

史華慈：確實不是設計出來的。我開始研究中國是因為費正清教授，那正是中國「解放」的時候，從 1947 到 1949 年。那時每個人都對中國這場「解放革命」很有興趣，費正清對現實的問題更感興趣。當時許多美國人對中國為什麼選擇了共產主義而不選擇自由主義都非常關注。加上那時又是冷戰剛開始，因此我對這問題也很有興趣。我寫的第一篇關於中國的論文，當

然只是很膚淺表面的,是關於中國為什麼會接受佛教。不過我們既然搞的是地區研究(area studies),我就寫了一篇關於延安整風運動的論文。當時 Michaal Franz 從延安回來帶了一本紙質惡劣的《整風文獻》,我當時中文還很初級,得用字典才能看懂。但我開始對毛澤東的思想發生了興趣,費正清就鼓勵我寫一本關於中國共產主義興起的歷史的書。我對這個題目很有興趣,但我那時已經對前現代的中國思想發生興趣,在研究中我不只是對中國共產運動有興趣,而且對二十世紀的知識份子發生興趣。我看了嚴復的翻譯,於是決定研究嚴復是如何理解西方的。費正清是屬於某種老派的漢學家,他懂得古典漢語,儘管他的興趣在現代。當我開始研究嚴復時,對清史又發生了興趣,像考據學派等,我覺得非常興奮。我第一次發現在中國儒學內部有一個很長的歷史演變過程,就像基督教也有一段很長的歷史一樣。於是漸漸地我發現,例如如果你想研究明朝的思想,你必須了解一些宋朝。最後我發現,如果你想了解任何關於中國的思想,你就得去了解先秦的思想。我那時已經深深感到中國從來就沒有那種笛卡兒代表的「斷裂」。中國的傳統像所有以文本為中心的傳統一樣,是一種詮釋學的傳統。

劉夢溪:對不起,我插一句,您覺得中國的詮釋學和西方的詮釋學是不是有什麼區別?

史華慈：我認為凡是文本傳統，都是詮釋學傳統，《聖經》也是如此。傳統不是某種靜態的東西。風俗習慣，特別是沒有反思的風俗習慣，是靜態的，幾乎固定的。但是（在這點上我同意後現代主義說法）一旦你有了一個文本，這個文本就可以得到眾多的詮釋，譬如漢代，包括前漢、後漢和唐代的儒學都不一樣，韓愈就很不喜歡唐代的詮釋。傳統是非常充滿活力的，因為文本可以有多種解釋。

劉夢溪：解讀文本是一件極困難的事情。所以韓愈寫《原道》，認為從孟子以後儒學道統事實上中斷了。

史華慈：正是因為理解文本那麼困難，所以才導致那樣多種的詮釋，而且古代還有諸子百家。在西方則有柏拉圖、亞里士多德，看法都不一樣。墨子、老子的看法也不一樣，所以文化內部有很多不同的傳統。詮釋學這一套看法，像伽達默爾等，很重要。現在大家都對文本的命運發生非常濃厚的興趣。有人說現代世界是反傳統的，不過你不妨看看美國的憲法。美國憲法不管是好是壞，一直被認為是一個神聖的文件。即使圍繞克林頓這件蠢事，大家還得看看憲法是怎麼說的。詞語有時是很難詮釋的。以《論語》中的「仁」字來說，什麼是「仁」？它和「禮」的關係是什麼？就有很多的解釋派別。

劉夢溪：是這樣，僅僅是「克己復禮為仁」這句話，就有各種不同的解釋。中國傳統詩學有「詩無達詁」的說法，很符合解釋學的規則。

史華慈：所以我採用「問題性」這個概念，因為問題性是在傳統的內部產生的。例如墨家似乎代表了對儒家的整體主義的反彈。

劉夢溪：在不同文化、語言背景下，人的思維到底相同之處多還是相異之處多？思維和文化之間是什麼關係？有人認為文化不同，思維也不同。我認為不同的文化可以有相同的思維模式，所以跨文化溝通才有可能。

史華慈：這就涉及我為什麼強調在主控導向之外還有反主控思想，儒家之外還有墨家。例如，在西方談邏輯時要談必要條件和充分條件的區別。我不記得墨子用的是什麼詞，但是他也找到了一些詞來表示這種區別。我同意李約瑟的看法，有機觀可能是中國的主控導向，但墨家的《經說》裏談的邏輯，不屬於主控導向，但可以說明用漢語也可以談邏輯。既然一個文化內部也有反主控的導向，這個事實也可以說明，人類思維有辦法超越文化、語言彼此溝通。

劉夢溪：儘管文化不同，思維的邏輯卻跨過凹凸不平的文化地帶，在全世界架起了橋樑。

史華慈：我是這個意思。墨子就用他的語彙表達邏輯。至於數學，我是完全外行。但有研究中國數學史的人告訴我，中國人也找到自己的詞表達西方的數學。

沒有結束的尾聲

劉夢溪：您講的語言對思維並沒有人們想像的那樣重大的影響，這一點我非常有共鳴。例如我雖然由於語言關係現在只能聽懂您的隻言片語，但對您的學問路向和學術精神，卻覺得有了非常明晰的了解。

史華慈：我可以說些外國語言，但我學中文太晚，我可以講一點中文，但聽中文能力差，我的日文比中文好。你現在寫什麼東西？

劉夢溪：我很關注明清時期的一些思想家，以及和當時的思想潮流有關係的文學作品。我研究《紅樓夢》和這個想法有關。近年興趣在晚清，和現代學術思想有關的幾個人物，王國維、陳寅恪，我正在寫關於他們的東西。您呢？是不是有新的寫作計劃？

史華慈：剛寫了一篇書評，是關於 Vera Schwarcz 作的有關記憶的一本書，還沒有發表。《古代中國的思想世界》已譯成了韓文，中文好像有人在翻譯。書名我不用「哲學」，而說「思想」（thought），先秦諸子談的因為不只是哲學，是經濟思想、政治思想等等。

劉夢溪：我很喜歡「思想」這個詞。對中國來講，可能「思想」比「哲學」更準確。

史華慈：你（陳祖芬）的專業是什麼？

林同奇：她是一位著名作家，寫了好多書。

史華慈：有多少？

陳祖芬：大約二十多本。

史華慈：啊⋯⋯

史華慈：你的故鄉是哪裏？

劉夢溪：祖籍山東。

史華慈：我常想去曲阜。

劉夢溪：歡迎您能夠前去，可以順便登泰山。

史華慈：我讀每天的報紙時，就很悲觀，可是一遇到像今天這
類敍談，我就變得樂觀起來了。

劉夢溪：我也有同感。

史華慈：我是老了，可是我對美國今天的文化有很多懷疑，希
望中國會保持自己的文化傳統。

劉夢溪：是的，中國這個傳統本來沒有斷的，可是二十世紀這

一百年，特別是後半個世紀，試圖割斷傳統的思潮很時髦。

史華慈：可是其他地方，像印度都有很大問題，還是所謂全球化現象的問題。我不是反對全球化，但現在是各種各樣扭曲的全球化。

劉夢溪：對全球化有不同的理解，一種是把全球化理解為西方化，一種是把全球化理解為多元化；如果把全球化理解為多元化，每一種文化都有它的位置。

史華慈：真正的全球化，可能我們這一代解決不了這個問題，也可能開始解決。當然現在大眾開始欣賞享受某些新東西，我並不是反對改進大多數人的物質生活。

劉夢溪：下禮拜，我還要和杜維明先生討論這問題。現在全球有一種趨向，在我們中國也許更為突出，就是重科技，而對人文社會科學一定程度上有所輕視。前幾年這種情況更嚴重，報考大學中文系、歷史系的生員大大減少。

史華慈：我想世界上最神秘的事情之一就是人究竟是什麼？

劉夢溪：未來的二十一世紀，人們的頭腦會更聰明，但也會更貧乏。人類的理性有自己的光輝，有些第一流的頭腦，不必說太多的話，你也可以感受到人類的那種最高的智能。

史華慈：不過，我們還得說話，即使說些蠢話，我們還得說，甚至老子也得開口說話。

劉夢溪：是的，我們已經談了兩次，還覺得有說不完的話。

題記

　　我很遺憾這篇訪談錄史華慈先生未能看到他就去世了，都怪我不恰當的生病，耽擱了及時整理訪談記錄稿的時間。1999年對我是不幸的一年，4月份從哈佛回來不久，就病倒了，直至第二年春夏，方日漸恢復。但更加不幸的是，我所見到的西方最單純的思想家、最富學養的中國學學者史華慈教授，已經永遠不能向人類發表他的睿智卓見了。我和他的訪談對話，第一次在 1999 年 2 月 9 日下午的 2 時到 4 時，第二次是 2 月 22 日上午 10 時至 12 時。地點在哈佛費正清東亞研究中心他的辦

公室。他的辦公桌對著門,大衣掛在門後的衣鈎上。我和林同奇坐在他的對面,內子陳祖芬坐在左側書架前。因為有事先送給他的訪談提綱,整個談話非常順利。他談得愉快而興奮,幾次高舉起雙手,強調他的跨文化溝通的觀點。講到美國文化的現狀,他略感悲觀,他說自己也許是老了。這樣說的時候,我注意到他眉宇間有一絲黯然。

　　沒法形容這次訪談我個人所受的啟悟以及帶來的學術喜悅有多大。第二次談話結束的時候,我寫了一張紙條給他,上面寫:「啟我十年悟,應結一世緣。」當時說好訪談稿整理成文之後會寄請他過目,沒想到因病未克及時竣事。而當現在終於成文準備發表,卻欲送無人了,成為一次永遠無法彌補的遺憾。好在此訪談稿先經林同奇先生根據錄音整理並作漢譯,然後我參酌現場所作筆記和內子的筆記,最後寫定成文。其可靠性史華慈先生自必認可。如果我揣想不誤的話,1999 年 2 月 9 日和 22 日我對他的這兩次訪談,應該是他生平最後的兩次學術對話。因為林同奇先生告訴我,我回國不久,史華慈先生就住進了醫院。也許我紙條上的後一句不那樣寫就好了。林同奇教授為訪談所做的幫助,對訪談初稿的整理、漢譯,我深深感謝並心懷感激。

2001 年 1 月 24 日補記

時　間　/　1999 年 2 月 2 日下午 5 時至 7 時、
　　　　　　2 月 18 日下午 5 時 30 分至 7 時 30 分
地　點　/　哈佛大學傅高義教授寓所

哈佛的中國學與美國的
中國學

傅　高　義　教　授　訪　談　錄

傅高義小傳

傅高義（Ezra Feivel Vogel），1930
年出生於俄亥俄州一個猶太家庭。
1950 年畢業於俄亥俄州韋斯利大
學（Wesleyan University），1958 年
獲得哈佛大學社會學博士學位。
1963-1964 年在哈佛大學從事中國
語言和歷史的博士後研究，從此開
始了在哈佛執教的生涯，並於 1967
年晉升為教授。1972-1977 年，擔
任哈佛大學東亞研究中心的第二任
主任。他還歷任東亞研究協會主席
（1977-1980 年），以及國際關係中
心的美日關係研究計劃主任（1980-
1987）及榮譽主任（1987 年至今）。
傅先生亦是費正清中國研究中心主
任（1995-1999）及亞洲研究中心的
首任主任（1997-1999）。1998 年入
選美國藝術與科學學院院士。2000
年 7 月從哈佛大學榮休。為表彰他
對社會的貢獻，2008 年他被授予哈
佛研究生院「世紀獎章」。

傅先生的研究領域涉及中國問題研究、日本研究，以及以國際關係為中心的中、美、日三國關係的研究。在哈佛他有「中國先生」的稱號，他被認為是美國的一位對中日兩國事務都精通的學者。他兼在美國國家情報委員會、美國對華智庫——「美國議會」等機構任職，並因此獲得多項榮譽。他也一直是受中國政府重視的漢學家和中國問題專家。

　　傅先生的主要著作包括《日本的新中產階級》（*Japan's New Middle Class: the Salary Man and his Family in a Tokyo Suburb,* 1963）、《共產主義下的廣州》（*Canton under Communism: Programs and Politics in a Provincial Capital,* 1969），後者被哈佛大學出版社授予年度「最佳專著獎」。1979 年出版的《日本第一：對美國的教訓》（*Japan as Number One: Lessons for America*），成為西方日本學中最暢銷也最具影響力的著作。1987 年他應廣東省政府的邀請，寫成《先行一步：改革中的廣東》（*One Step Ahead in China: Guangdong under Reform*）。榮休之後，給他帶來巨大聲譽的是 2011 年 9 月由哈佛大學出版的《鄧小平和中國的轉型》（*Deng Xiaoping and the Transformation of China*）一書，堪稱迄今最權威的鄧小平傳記以及關於鄧時代的巨著。

　　1999 年 2 月 2 日下午 5 時至 7 時、2 月 18 日下午 5 時 30
分至 7 時 30 分，我以哈佛訪問學人和《中國文化》與《世界漢
學》主編的身份，與哈佛大學費正清東亞研究中心主任兼亞洲
研究中心主任傅高義（Ezra Feivel Vogel）教授作了兩次訪談對
話。話題圍繞「哈佛的中國學與美國的中國學」以及「您怎樣
看現在的中國」和「中美關係的檢討與展望」三個方面的內容。
傅是美國的資深研究中國問題和日本問題的學者，主要著作有
《重整旗鼓──重建美國的實例分析》《日本的新中產階級》《日
本第一》《先行一步：改革中的廣東》《與中國相處：二十一世
紀的美中關係》等。訪談時哈佛燕京學社社長助理鄭文龍、內
子陳祖芬在座，地點在傅高義教授寓所。

上篇

哈佛的中國學與美國的中國學

劉夢溪：1999 年是二十世紀的最後一年。儘管我們不贊成世紀
末和「人類的末日」有什麼關聯，但處此世紀轉換之際，還是

容易引發我們許多聯想。比如中美關係，在即將過去的二十世紀是怎樣一種情況，有哪些問題值得檢討，下一個世紀會怎樣發展？不僅中國人，美國人實際上也很關心。當然這些問題未免太大，那麼我們不妨從小一些的問題著手。您可否談談美國的中國學？或者再小一點，談談哈佛的中國學。哈佛的中國問題研究，在美國學術界居於怎樣的位置？與美國其他大學的中國研究有哪些相同之處和不同之處？哈佛的好多個機構都涉及中國學問題，例如費正清東亞研究中心、亞洲中心、東亞語言與文明系、燕京學社，以及歷史系等等。這些單位怎樣分工？怎樣互動？您作為費正清東亞研究中心主任兼新成立的亞洲中心主任，應該是這個問題最具權威性的發言人，所以希望聽到您的高見。當然，我也很想知道您的中國學的理念是什麼。我說的學科理念，按中國的學術傳統，應包括學問的宗主、追尋的目標等等。

傅高義：研究中國，當然歐洲開始得早，他們從學習語言文字入手，注意歷史文化。美國是在二戰之後，學習中國語言文字的人多了起來，後來比歐洲多得多。但二十世紀五十年代，美中關係出現了斷裂。那時和中國關係密切的人，會受到迫害，還有的丟了工作，有的受心理壓迫。當時的中國研究發展不大，研究者的方法停留在戰前時期。費正清是 1929 年哈佛畢

業，然後在英國牛津大學進修，1932 年到北京學習中文，一度
擔任清華大學的講師。1936 年開始在哈佛任教。打仗時，他有
時在重慶，有時在華盛頓。戰後 1946 年，又回到哈佛。美國
的中國學，和費正清是分不開的。他不僅自己作研究，而且作
組織上的推動，努力把中國學變成美國大學比較強的一部分，
開拓了政治的、經濟的和歷史、比較文化學各個研究的領域，
培養了很多人。哈佛東亞研究中心成立於 1956 年，費正清擔
任主任。但二十世紀五十年代初的麥卡錫時期，他也遇到過
麻煩。

　　二十世紀五十年代末、六十年代初，情況逐漸有了變化，
人們開始意識到中國是大國，不能無視。一些年輕人、大學畢
業生很想了解中國，他們有的在大學先學兩年語言、歷史之
後，繼續讀博士學位，學科包括社會學、政治學、人類學等
等。也不光是哈佛，哥倫比亞大學、華盛頓大學、康奈爾大
學、斯坦福大學等學府，都設立了亞洲和中國研究的課程，而
且彼此有所互動與協調。

劉夢溪：你是說美國的中國學，二十世紀五十年代和六十年代
之交是一個分水嶺，可那個時候中美之間還不能正常交流，這
種情況下中國研究都包括哪些方面的內容呢？資料來源如何？
您的研究是什麼時候開始的？

傅高義：美國的中國學，主要側重現代中國的研究，這是與傳統漢學的不同之處。我 1958 年在哈佛拿到博士學位，然後到耶魯，從耶魯回來，就在哈佛任教了。我收集材料作研究是在 1963 年，當時沒法去大陸，覺得最好是在香港。那時香港有個服務中心，資料比較豐富，很多關於中國的報刊我是在那裏看到的。還有從內地出來的一些人，聽他們談話，以及做生意的人，都可以得到相關資料。哈佛大學大多數教授，只認識學術界的人，和商人接觸很少，但在香港，有接觸商人、政治人物的機會。當時東歐的人可以去北京，西歐就難一些。在香港能見到世界各國的各方面的朋友。

劉夢溪：就是現在香港中文大學的服務中心嗎？

傅高義：是的，1990 年左右搬到了中文大學。美國研究中國問題的學人，二十世紀七十年代以後可以到中國去了。開始人數比較少，主要是一些代表團、友好人士，前去參觀，不過很多地方不開放，局限很大。再往後，兩國關係改善，可以到中國學習了。我的第一本關於中國的書《共產主義下的廣州：一個省會的規劃與政治（1949 至 1968）》，就是那個時候寫出來的，向西方讀者介紹從二十世紀五十年代到「文革」時期的廣東的情況。1980 年，我在中山大學工作了三個月，1987 年又有三

個月，1988 年一個月。因為馬薩諸塞州和廣東有非常密切的關係，而馬州州長是我的朋友，於是就去了。在那裏認識許多朋友，如梁靈光省長、副省長張高麗（已到北京任職了）等。他們需要國外投資，我的第一本書他們覺得還有一些用處。我寫書，是客觀的寫法，不能光寫好處。1987 年廣東請我去，給我很多幫助，我可以在全省跑來跑去，看到一個南方省份率先改革的實例。這樣就有條件寫《先行一步：改革中的廣東》這本書了，這是我研究中國的第二本書。

劉夢溪：在美國研究中國問題的學者中，您研究中國的改革，可能也是「先行一步」了。而哈佛的中國研究，據我所知，由於費正清的推動，比美國其他學府開始以及成規模的時間都要早一些，那麼是否請您談談哈佛中國學的特點？

傅高義：哈佛中國研究的特點，一是比較早，這與費正清有關，特別是二十世紀五十年代，哈佛比別的學校先行了一步；二是圖書資料條件相對地要好一些，和其他大學相比，關於中國的資料這裏可能是最多的。哈佛燕京第一任圖書館館長裘開明先生，是一位非常善於搜羅資料的人，他二十世紀二十年代和三十年代，經常在中國跑來跑去，由於有基金會的支持，購買了大量的中國圖書；三是哈佛集中的人才比較多，許多研究

中國學的學者，都有在哈佛研究或教學的經歷；四是二十世紀五十年代後期和六十年代以後，一直得天獨厚地有可靠經費的資助。當然現在東部和西部的不少大學，中國研究都有很大的進展，某一方面，有的學校比我們可能要強一些，只是總體上，哈佛的中國學應該是最有實力最有傳統的。

劉夢溪：看來哈佛的中國學堪稱美國中國學的龍頭老大應該不成問題。因此費正清作為美國中國學的開闢者的地位也是沒有異議的。但我知道，在費正清生前身後，人們對他的評價頗為紛紜，還有的稱他為「學術企業家」。您在東亞中心工作的時間很長，和費正清的接觸比較多，而且是他的繼任人，一定了解他治學以及為人的特點，可否請您談談這方面的問題？

傅高義：對費正清始終是有爭議的，這是他經歷的一部分，但同時大家一致肯定他在美國的中國學領域所作的貢獻。他的特點，不在於他本人學問有多麼好，主要是他的組織、管理的能力，對校長、對基金會的說服能力。他規定的制度很嚴格，只有寫了好文章，才能拿到博士學位；有了博士學位，可以留一兩年，再寫一本書。他非常重視寫書，認為一個有名的人，應該有一本特別好的書。如果說中國文化與歷史是一所房子，一本一本的書就是磚頭；中國學的結構，是由一本一本的書組

成的。他做東亞中心主任時，辦公室的書櫃裏放著九十多本中心研究人員寫的書，我的是第四十一本。現在更多了，已經有二百多本。這些書的題目，很多是他設計的。他主張寫的書，不是研究中國學的人也能看懂，因此不一定都是太專門的書，希望全美國、全世界的人都能有關於中國的知識。

劉夢溪：我聽說費正清先生是一位很獨斷的人，是這樣嗎？

傅高義：應該說你聽到的沒有錯，其實還有「西方皇帝」的說法。他在東亞中心不是完全民主的做法，工作上主要是他的決定。當然有委員會，但許多事他做在了前頭，然後由委員會通過。比如研究是否給一個人獎學金，他說已經和這個人說了，大家就不好不同意了。

鄭文龍：這種做法對學科有好處嗎？

劉夢溪：一個有眼光的學術領袖的獨斷，可以提高效率。傅斯年就是這樣的人，當時史語所有人稱他為「老虎」。

傅高義：這樣可以便利吸引更多的學生。研究的問題，費正清主張以歷史為主，門類則應該是全面的，經濟學、法學、政治

學、社會學、人類學，都要求有合適的人擔當。二十世紀六十年代，社會科學的各個學科都有一名教授，這樣就可以招生了，所以培養了大量的學生。後來密歇根大學、伯克力大學的中國學教授，基本上都是我們的學生，有的比我們還好。華盛頓大學、哥倫比亞大學也都有學生，但最多的是我們這裏。再後來，二十世紀七八十年代以後，能夠招收學中國學的學生的學校越來越多了，有的學校，如密歇根大學對中國政治的研究，比哈佛還好。

劉夢溪：費正清逝世以後，再沒有人試圖對美國的中國學作某種設計性的整合了，似乎呈現出分散無序的狀態，這樣對學術研究的利弊得失有什麼影響？

傅高義：這種分散的情況有好處，也有壞處。有的比較小的大學，也買了許多關於中國學的圖書，只有十幾個人看，很不划算。本來不同的學校的研究題目，可以互相區別開來，但現在的課題容易雷同。

劉夢溪：哈佛與中國學有關的各機構之間是不是有分工？新成立的亞洲研究中心擔當什麼任務？與東亞中心如何區別、互動？

傅高義：東亞研究，本來包括韓國、日本。現在日本研究有專門的中心，韓國研究成了獨立的研究，東亞中心就不包括韓國和日本了，而主要是中國研究，而且以近現代即二十世紀的中國研究為主。如果有人在東亞中心開會，內容是關於古代的，我不反對，但還是以現當代為主。至於成立亞洲研究中心，是鑒於亞洲的變化很大，美國和亞洲的全面關係，超過日本。有這樣一個機構便於協調，可以推動對亞洲各國的比較研究。

劉夢溪：您致力於中國問題研究，除了學術興趣之外，還有什麼特別的關切嗎？

傅高義：我個人是從社會學系畢業的，我的老師告訴我：一個社會學的教授應該把全面社會的最重要的特點、最重要的改變抓住。特別是二戰之後，最重要的、最基本的東西在哪裏呢？中國目前處於一個過渡時期，應盡量多地培養人才。中國有關方面多次說，希望哈佛幫助培養中國的年輕人。哈佛大學和中國的關係，我覺得我有責任。今年秋天，可能會有一部分校長去中國，北京大學的陳佳洱校長做主人，中國的教育部同意這個交流。我希望能夠成功，如果今年不行，明年一定會達成。哈佛的許多部門和中國有聯繫，有中國的學生。學習完成有的想留下，我沒法反對，但我願意他們回去。臺灣二十世紀六十

年代精英外流，七八十年代回去，起了作用。我研究中國，也研究日本。明治維新時的日本，很開放，派人出去，二三十年以後，情況大為不同。中國現在是開放的，1979年以後知識界很活躍。我們和中央黨校、和中國的行政管理學院也有合作。過去，二十世紀五十年代和六十年代，各用各的材料，現在應該交換材料，互通信息。

劉夢溪：謝謝您談得這樣具體，而且佔去這麼多時間。謝謝！

下篇

中美關係的檢討和展望

劉夢溪：我的訪談提綱列出了八個方面的問題，頭幾個問題，圍繞的是「哈佛的中國學與美國的中國學」，上次已經基本談完了，而且談得非常之好。今天想請您談談對現代中國的看法，我指的是改革開放二十年以來的現在的中國，包括它的文化、社會、經濟、政治各個方面，請您發表高見。然後我們不

妨對中美關係作一些檢討和展望。這本來不是我專業範圍的問題，我近年主要研究文化史和晚清以來的學術思想史，但您在這方面是權威的發言者，作為同樣關注我的國家以及二十一世紀人類命運的學人，我想不應該錯過向您討教的機會。

傅高義：看了這個提綱，你的看法很好，是很開闊的，我本來也是很開闊的，不過我的閱讀不是很快，能不能請您再講一下？

劉夢溪：好。我們從第四個問題開始。我提的問題是，關於現代文明建構的模式，以往有歐洲的模式、北美的模式，是不是有亞洲的模式？您怎樣看「亞洲價值」這個提法？特別是在亞洲金融風暴之後，應該怎樣看「亞洲價值」？第五個問題，看到不久前您寫的一篇文章，就是發表在《明報月刊》上的文章，您對香港的前途表示很樂觀。請問，您對臺灣問題也持同樣樂觀的態度麼？您覺得美國政府在臺灣問題上，能夠扮演什麼角色？現在扮演的是什麼角色？將來可能扮演什麼角色？第六個問題，我是講一點我個人的觀察，我相信我的觀察是準確的，也許是一種不包含錯誤的觀察。這就是，不論歷史上的中國，還是現在的中國（二十世紀五十年代至七十年代冷戰時期除外），中國人，包括一般民眾，特別是知識份子，以及現在的領導層，都真心實意地希望與美國建立一種友好的關係。我

說的友好，不僅僅是通常所說的，跟誰友好可能對自己有利還是不利，而是包含超越一定利害的帶有一定審美意味的因素。比如（當然這是一種很抽象的，甚至是帶有象徵性的說法）中國人總的來說，是比較喜歡美國人的。我想知道，美國人、美國政府、美國國會、美國的領導層，了解中國人的這一特點麼？第七個問題，請允許我說一句坦白的話，我覺得美國對中國的了解很不夠，對中國的歷史、對中國的現狀，都存在許多誤讀。

傅高義：你說美國的一般人，還是包括我們哈佛大學？

劉夢溪：我想不應該包括您，因為我看了您的文章，聽了您的談話（笑）。實際上這些年中國的變化是相當大的，社會結構、經濟生活不用說，包括出版界，近年確實呈現出繁榮的景象，報刊種類之多，是令人讚歎的。如果只是看《人民日報》，當然感到不滿足；但地方報紙、各行業報紙，特別是這些報紙由年輕人主持的各種副刊，言論空間之大，前所未有。還有，以中國文化為背景的宗教與信仰，以及這方面的傳統和現實的連接，美國同行似乎研究得不夠。

傅高義：這個報紙我看得不多，《南方周末》現在是不是有一些問題？

劉夢溪：最近的情況我不知道，我們出來之前《南方周末》是很活躍的。最後一個問題，在中國民眾看來，美國的媒體對中國的偏見實在太大。還不是說「好消息」和「壞消息」孰多孰少的問題，甚至也可以暫時撇開新聞的觀念不談，我想主要是調式的問題。以美國之音為例，它的基本的調式和處理中國新聞的方式，很容易讓人想起文化大革命期間的派別鬥爭。我覺得這樣一個新聞網，應該是很理性、很有風度的。我當然可以批評你，可以是完全批評的立場，但聽起來應該令人信服，至少不叫人反感生厭。這種情況，怎樣才能有所改變呢？

鄭文龍：我想可以從第四個問題開始，講一下您對現在的中國的看法，可以聯繫到第一個問題，關於二十一世紀的展望，同時可以跟「亞洲價值」、香港和臺灣問題聯繫起來。最後您可以對剛才劉先生所作的描述作一個評論嗎？

劉夢溪：還有一個問題，我聽說江澤民主席到哈佛演講是您努力的結果，您為什麼要這樣做？做了以後效果如何？朱鎔基總理今年訪美，是不是也會來哈佛呢？

傅高義：還沒有最後決定。演講是在這裏，還是在加州，或者在 MIT（麻省理工學院），好像還沒有最後確定下來。但是他

在 MIT 演講，是合乎情理的。因為他是清華畢業，清華大學跟 MIT 是姐妹學校，所以他來 MIT 演講是很自然的事。但是有的人說，江澤民主席來的時候在美國東部，這次朱鎔基應該去西部，在 Berkeley。但是他來 MIT 講話，也希望順便來哈佛，最好有一個跟我們教授的座談會。

劉夢溪：朱這樣的人物，我想不多見。

傅高義：我也是這麼看的，但是你說的是什麼意思？

劉夢溪：我是說他的專業知識的根底，還有他的膽識、魄力、決斷力，不容易找得到。他的個人魅力和處理問題的威懾力，有很好的結合。

傅高義：我同意。

劉夢溪：我想在中國的背景下，這樣的人能夠做總理，可不是一件小事。

傅高義：非常合適。

劉夢溪：非常偶然。

傅高義：我個人認為，他大膽地想做事，對地方上的人也很大膽，認為中央應做一些調試。他認為是正確的，他就想幹。還很有幽默感，喜歡快捷地解決問題，喜歡用能幹的人。我想他回答問題的那種政治家的方式是美式的，美國人更容易接受。我和你的看法一樣，他是特殊的不容易的。好，現在就從第四個問題開始吧。

　　現在中國的情況，依我看1978年改革開放以後，中國的變化的確非常大，我覺得這個變化還在不斷地繼續，各方面都有。當然首先是產業的發展，人民生活水準的提高，但不止這些，包括了解外國學習外國的情況，我覺得是很重要的一個時期。日本明治維新以後他們了解外國，思想有非常多的改變。現在中國自從改革開放以後，思想基本上也改變了。領導人出國，他們的孩子去外國、去香港，是很好的事情，可以更多地了解外國的情況。江澤民的兒子也是在國外大學學了五年，我在香港曾跟他一起吃過一次早餐，他很了解美國，英語很流利。當然很多人到美國開會，也會打電話給自己的親戚朋友，這比美國之音的影響可能更大。中國有眾多的華僑，包括臺灣、香港來的，大概有五千萬華人在大陸以外生活。1978年以來為什麼中國發展得那麼快？跟蘇聯不同，很重要的是中國

有那麼多的華僑，通過華僑可以比較方便地了解外面的信息。最近二十年在中國歷史上是很特殊的時期，如果到 2020 年以後，也就是二十年或者三十年以後，中國的變化就更大了，所以你的看法我是完全同意的。美國不了解中國在發生什麼樣的改變，有人連最基本的改變都不知道。我覺得二十年改革開放的確了不起，但同時我覺得現在的改革比二十年前的改革更難做。比方說政府的改革，減少多餘的人員，還有醫療問題、住房的市場化問題、國營企業問題，如何按照市場的規則有更多的改變；當然還有法律制度，現在中國政府制定很多新的法律，但社會裏面還有很多屬於過去的封建的東西，農村組織的封建情況更為明顯。我聽說在中央黨校有很多新鮮的討論，他們的思想很開放，但是一到農村基層，就會發現許多舊的社會習慣不容易改變。中國現在的領導人、領導班子，江澤民、朱鎔基這一批人，是想更開放的，覺得中國的前途一定要改革，大膽地改革。但還有一些幹部，由於跟自己的利害有關，比如裁員裁到自己頭上或裁到自己的親戚朋友頭上，對改革就反感了。我想恐怕幾年之後這樣一些勢力的影響還會增加一些。但依我看，從 1978 年開始的改革開放勢頭，四十年、五十年都會繼續下去，雖然有時也許會放鬆一些，會有反復，基本的改革開放的趨勢是一定要繼續的。

劉夢溪：您剛才講的是說改革的阻力會愈來愈大嗎？

傅高義：我估計現在來自中國政府的阻力已經減少了，但是今年可能引發地方的一定反彈。如果過‧兩年之後，說不定一些人會給朱鎔基一些麻煩。關於亞洲價值問題，我覺得香港和臺灣的經驗很有意思，二十世紀五十年代我訪問香港、六十年代訪問臺灣，當時是他們剛剛起飛的時候，很多人想的是錢，拚命賺錢；但到了七十年代，他們覺得光賺錢是不夠的，應該有文化，需要音樂、美術。賺錢當然需要，但是不夠了。現在中國也是這樣，剛剛開放的八十年代初，很多人拚命想賺錢，但是，在已經賺了一些錢之後，人的需求開始發生變化，單一的賺錢行為就不能得到滿足了。

劉夢溪：現在是有這方面的變化，有些企業家自己賺了很多錢之後，就意識到賺錢不是人生的惟一存在方式，精神生活不能完全在經營活動中得到滿足，於是他們開始關注文化事業。我創辦的《中國文化》和《世界漢學》兩個刊物，就得到了一些企業家的支持，深圳一位年輕企業家在我們中國文化研究所設立一項「中國文化建設基金」，支持我們的學術事業，可以印證您剛才講的情況。

傅高義：我是這樣感覺──當然很多人還是想賺錢，但不如幾

年前那樣厲害。香港人因為生活已經很舒服了,所以不需要拚命賺錢啦。二十年前,中國沿海地帶也很窮,有賺錢的機會不可能不去賺。現在生活舒服了,電視機、洗衣機、冰箱、音響,我最早訪問的廣州,冷氣也有了,空調很不錯。房子變得更大、更現代化,已經相當舒服了。他們覺得光是賺錢就不夠了。香港、臺灣有一個轉變的過程,我想大陸也會有這種轉變。生活逐漸富裕起來以後,就會考慮文化價值方面的要求。中國城市只生一個孩子的做法已經獲得成功,所以中國家庭有非常大的改變。當然一個孩子是寶貝,有好的方面也有不好的方面,好的方面是可以得到比較好的教育條件,如教他學音樂、準備考試等等,不好的方面是孩子容易變得自我。

劉夢溪: 這是很大的問題。獨生子女家庭,不少是六個人照顧一個孩子:爺爺、奶奶、外公、外婆、爸爸、媽媽,六雙眼睛看著一個孩子,對孩子成長很不利。

傅高義: 當然有這個問題。中國那麼大,不可能是一致的,會有很多不同,但我研究中國想抓住主流。關於農村,現在離城市比較接近的地方,生活很不錯了,甚至比城市裏的人還要好一些。他們房子住得大,他們可以到城市去賣菜,他們有自己的土地,可以想出很多辦法賺錢。但是離開城市比較遠的地

區，還是比較貧窮落後的。不過那些地方的孩子，十八歲、二十歲的，可以跑到沿海地區、跑到城市去打工，賺了錢蓋房、結婚。

劉夢溪：有的索性不回去，在城市裏辦起了經營，成為企業家。北京的裝修市場和服裝市場，基本上是農村青年的天下，有的已經是有相當規模的公司。不是這些「流動人口」給城市添了麻煩，而是城市的功能離不開這些「外來戶」了。

傅高義：這種城鄉互動的情況，可以加快農村的改變。所以我感覺包括農村，也包括內地的農村（當然不如沿海），這些年也有比較大的變化。關於民主問題，中國領導人的看法，不可能一下子達到民主，認為民主的實現和文化水準有關係；他們覺得我們美國的民主也不一定是好事情。我們社會裏確實有很多不好的東西，自由太多，不想到責任。關於選舉問題，中國領導人主張可以一步步地開始，這跟美國不同，但是也已經有很大的改變。農村選舉要是成功的話，慢慢地鄉鎮也可以選舉；鄉鎮搞得好了，縣、市也可以有選舉。你看臺灣，二十世紀五十年代他們也是地方上有選舉，全臺灣的沒有，我想中國將來也會有的。中國歷史和美國的不一樣，明朝、清朝的時候，中國農村沒有政府機構，基本上也沒有政府的代表。

劉夢溪：那時候政府的權力機構只到縣一級，縣以下朝廷就不發薪水了。不過鄉村秩序的維持，鄉紳和宗族起很大作用（我的一位老師、清史專家戴逸教授對這個問題很有研究，我曾向他請教過），另外還有里甲或者保甲制度。嚴格意義的政府機構鄉村確實沒有，但社會網絡是很有序的，宗族倫理和家庭倫理成為規範人們行為的普遍準則。

傅高義：政府為了維持秩序，於是就「殺雞給猴看」。我的意思，是說當時實行的不是西方的法律制度，如果有人製造了麻煩，就用「示眾」的辦法，讓老百姓明白他們不應該做什麼。這是中國的一個傳統，即政府不在農村。我覺得直接反對政府當然不能接受，但一定要「示眾」，美國的報紙就不能接受了。美國人對中國看法的改變，和 1989 年的事件有直接關係。

劉夢溪：可是實際上，如您剛才所說，1989 年到現在中國已經發生了非常大的變化，美國的傳媒為什麼沒有相應地做出改變呢？

傅高義：我想更可笑的事情，是 1971 年、1972 年尼克遜去中國的時候，當時中國還是文化大革命期間，但是美國報紙就是說中國好。我們的記者說「文化大革命」打死了不少人，有很多問題，你怎麼說得那麼好？但美國的報紙還是說什麼都好，很奇

怪。也許我們剛剛發現應該跟中國做朋友，很多不了解中國，還有冷戰，當時中國和美國還有前蘇聯，有戰略利益上的考慮。

劉夢溪：剛才你講的那種媒體報導，我想很多來美國的中國人都有那種感覺。你是經歷過冷戰後媒體對中國這種整個心態的，您是不是覺得它背後的原因還在影響現在的媒體，以及對中國的措施和報導？

傅高義：我覺得美國的媒體有很多問題。但就中國方面來說，也有對我們的記者做得不夠聰明的地方，比如不讓他們自由看一些東西。還有一些西方記者的確想了解中國的情況，找一些幹部談話，可是中國的幹部一般都比較害怕，擔心記者寫出文章對自己不利，於是很緊張，不能談這不能談那。這就給記者一個印象，以為中國沒什麼自由。要我是中國的領導的話，我就會告訴他，你應該好好跟他談，他寫了不好的事情，我們也不給你處分，因為那不是你的責任。我想如果中國有這樣的政策，美國記者一定有好感。

劉夢溪：這是互動的，互相影響。如果和中國幹部接觸的記者，在被接觸人那裏建立一種信任，我想這些幹部的緊張程度也會減少一些。

傅高義：媒體問題，一方面是美國應該負責任，另一方面，中國對美國記者的做法也應該改變一下。還有香港、臺灣問題。

劉夢溪：您對香港很樂觀，對臺灣的前途您也是那麼樂觀嗎？

傅高義：香港已經回歸到中國，我覺得北京對香港的政策做得很好，盡可能讓它自由，我想這個做法是很不錯的，北京的領導人對香港做得很不錯。臺灣問題，你知道是一個比較複雜的問題，因為 1987 年以後他們實行了民主，原來本省人跟外省人的關係不很和諧，蔣介石對本省人有壓迫，所以一有民主，本省人就有意見了。甚至很多本省人想脫離，希望獨立。當然北京不能承認，不能讓他們獨立，所以北京想了很多辦法。我想還有很多臺灣人覺得現在的情況很不錯了，保持現狀就行了。另外有一種誤會，很多臺灣人覺得如果大陸和臺灣發生衝突，日本跟美國會給他們很大的幫助。我想要是大陸打得很厲害的話，我們可能會保護一些，但是要是臺灣刺激大陸，美國不一定保護。我個人覺得現在汪道涵跟辜振甫談判應該是好事情。中國大陸的想法，當然給臺灣的自由比香港的更多，臺灣應該說，好啦，我們不搞獨立運動，主權是中國的，實際決定執行是我們自己的，包括軍隊、外交。要是這樣決定的話，那麼中國可以說，好啦，你們可以參加很多國際組織。要是有這

樣的協同，我覺得就好啦，也不能說沒有可能。但是要看臺灣
的情況是怎麼樣，還有江澤民主席對臺灣的最後的決定是怎麼
樣。我希望兩岸用和平的方式來解決，兩岸和平解決，美國不
能反對，日本也不能反對，沒有一個國家會反對，所以最好的
辦法是大陸和臺灣談判。

劉夢溪：好像這個問題，美國扮演什麼角色是非常重要的。剛
才您講的，臺灣的確有不少人覺得美國是可以保護臺灣的，因
此在我看來有一種有恃無恐。比如最近這裏的媒體不斷報導，
臺灣非常想參加美國的區域導彈防禦計劃（TMD），因此它的
新聞就特別強調中國的武器如何強大，軍力如何好，導彈如何
先進，而且還在沿海地區增加了導彈的佈置；又說從俄國買了
什麼樣的飛機，什麼樣的導彈之類。我想講這個的目的就是告
訴美國，你看對臺灣的威脅太大了，光賣給它武器還不夠，還
應該讓它加入導彈防禦系統。可是在我看來，這是臺灣的不智
之舉。如果美國同意臺灣加入 TMD，前一個時期的日美條約
的一種解釋說包括了臺灣海峽，那麼臺灣就完全置於美國的保
護之下了。這對一個主權國家傷害是很大的，我想中國決不能
接受。不能接受是不是立刻打臺灣，我想據我看，我作為一個
學者，並不研究政治和軍事，我想也許不一定立刻這樣做，但
肯定會有舉動，臺海地區出現緊張在所難免。這種情況對臺灣

非常不利，它的資金的進入肯定會大大減少。對美國也無利可言，因為會造成美中關係的倒退，這樣一種緊張狀況不符合冷戰後的世界潮流。而對亞洲整個地區，對周邊國家，就更不利了。至於這種狀況能不能出現，關鍵在美國，在於美國扮演什麼角色。要是非常明瞭臺海兩方面的情況，保持一種政策上的穩定性，有戰略上的智慧眼光，就不會出現這種情況。

傅高義：我同意你剛才講的話。我們的講政策的人相對地也比較同意你的看法。但是問題還是國會，美國的民主制度。還有臺灣的代表他們很聰明，二十世紀五十年代以後他們一直考慮怎麼跟美國聯絡，怎麼跟美國政治家做朋友，已經做了三十年的工作了。他們積累的關係，包括克林頓，因為克林頓當總統以前去臺灣好像是三四次吧。中國大陸開放只有二十年，長期的朋友基本不存在。還有和華盛頓打交道的經驗不夠，最近幾年我想你們在華盛頓的大使館很努力地工作，學得很快，希望跟美國國會的議員做朋友，在我們的議會也有談話。但以前是不夠的。比方說李登輝 1994 年去夏威夷、1995 年去康奈爾，臺灣利用這個機會利用得很好。美國政府不希望李登輝給我們製造麻煩，臺灣於是搞了一系列活動，說美國政府不讓下飛機呀，使得很多美國人士對我們的政府也很生氣，說他是一個人，又不是犯罪的人，他在美國得的博士學位，阿拉法特可

以來美國，為什麼不讓李登輝來呀。那時很多人反對我們的政策。美國本來有一個戰略，但是不能完全按我們的戰略實現。自我們政府的一些人來說，剛才我講了，應該是比較安定的想法，讓兩岸保持好的氣氛，不贊成出現緊張。

劉夢溪：如果這樣，是很有趣的，也很有智慧。保持一種緊張狀態很容易，但那是智慧不高的表現。保持一種張力，一種理性的表達，很好，但關鍵在美國。我有點擔心，比如臺灣現在特別想加入區域導彈防禦系統，我不知道最後結局將會如何。這兩件事，一個日美條約，一個區域導彈防禦系統，如果臺灣進入，中國不會沒有相應的措施。臺海局勢、中美關係、亞洲和平，都直接與這個問題息息相關。

傅高義：我想李登輝 1995 年訪問康奈爾大學，那時我們就擔心，認為那樣做很危險。我們的總統因此很關注中國做出什麼樣的反應。依我想那次他的學費太大，以後會比較小心。事實上 1996 年 3 月以後，他確實比較小心了，不讓臺灣的人在美國亂搞活動。TMD，我想美國會比較小心的。

劉夢溪：能不能請您補充一下，哈佛校長到中國訪問，您也是陪行的，您的一些觀感如何？

傅高義：一般來說，我們的知識份子喜歡跟全世界的人做好朋友。我們校長的夫人是學美術的，她很想去看看中國美術，可惜五月份有安排不能去。本來北大邀請我們校長參加他們五月份舉行的一百周年紀念，由於安排不開，改為三月底去北京，北大校長說還是算一百周年的訪問。當然我們校長演講，是在一個範圍之內，他強調在美國為什麼覺得自由是非常重要的，為什麼需要討論這個問題。當時是在中國校友會，看到的中國領導，主要是教委，還有科委的人，他們都很不錯。

劉夢溪：我看了您的書以後，我想您對中美關係的理念，好像從這幾年的中美關係發展狀況來看，您的理念是在慢慢地被接納了一些。幾年前寫的書，後來這幾年的狀況似乎在證實書裏面的一些東西，但相反的走向好像也在擴展，可能還有新的變數，是這樣吧？

傅高義：對，中美關係還有不完全穩定的方面。1996 年以後比較好，但還沒有形成牢固的走向，所以我認為現在是中美關係一個很重要的時刻。

劉夢溪：歷史時刻，您說得太對了。我注意到近半年來，原有的問題沒有解決，又衍生出一些新的問題。特別 1999 年這一年，對中美關係來講，是非常關鍵的時刻。您覺得中美關係的

比較好的勢頭能得以保持嗎？會不會遇到意外的挫折？

傅高義：我當然很關心，因為現在美國總統個人生活問題基本解決了，國會議員反對總統的題目少了一個，很容易轉到其他問題上，比如人權問題啦，貿易逆差啦。學者覺得這兩方面的問題是議會的人用來打中國的牌。我寫這本書的時候，我們的一些學者覺得現在在美國反對中國的，不是大多數美國人，而是一些團體，有的是比較左派的宗教團體，還有美國工會，怕中國的產品來到美國以後，自己的工廠受影響。因為中國的勞動力便宜，中國產品來了以後，可能造成減薪和失業，所以工會反對，但這是少數。1995 年和 1996 年的時候，我覺得應該讓美國的大多數人和中國搞好關係，現在我覺得反對中國的仍然是少數小的團體，他們的勢力不大，但他們也有一些力量。我覺得朱鎔基來的時候，最重要的問題是世界貿易組織問題。我最近聽到的消息，中國代表很積極想解決這個問題，談判的兩方面妥協一下，也許四月份解決是最好的。為了朱鎔基訪問順利，我想很重要的是這個問題能夠得到解決。

劉夢溪：最後一個問題，明年就是公元 2000 年了，新的一個世紀馬上開始了，您對二十一世紀的前二十年有什麼抽象的預期嗎？講一點抽象的也好。

傅高義：我覺得冷戰結束了，世界的交流增加了。美國有人批評，說現在有那麼多的中國留學生，我想他們在這裏很好。和美國學生相比，他們比較窮，但依我看他們的精神狀態很好，學習很努力，思想很開放地與美國各方面接觸。我非常高興，我覺得應該擴大，所以也許在大學比政府還容易做一些事情。（對陳祖芬）你是作家，寫文學作品，你在美國得了解美國人的想法。

陳祖芬：我這次來哈佛我覺得收穫好大，作了一些採訪，還來不及寫。

傅高義：你可以寫小說了，歡迎留在美國寫。你寫會比美國之音好一些。可以寄給我一些你的作品嗎？

陳祖芬：好的。

劉夢溪：我回國以後，會把我們的談話整理出來，在報刊上公開發表，至少可以在我主編的《中國文化》或《世界漢學》上發表，中國讀者就可以知道，哈佛大學的傅高義教授怎樣在中美關係問題上「先行一步」。

傅高義：謝謝。

時　間　/　1999 年 3 月 4 日下午 2 時
地　點　/　狄百瑞教授辦公室

經典會讀與文明對話

狄百瑞教授訪談錄

狄百瑞小傳

狄百瑞（William Theodore de Bary），生於 1919 年，1941 年畢業於哥倫比亞大學，1948 和 1951 年在哥大分別取得碩士和博士學位。1949 年開始在哥大執教，先後擔任大學東方研究委員會主席（1953-1961），東亞語言及區域中心主任（1960-1972），東亞語言及文化學系系主任（1960-1966），卡本德東方研究講座教授（1966-1979），大學教務會執委會主席（1969-1971）等職。1971-1978 年擔任哥倫比亞大學綜理學術發展的副校長，1978-1986 年任美國學術團體理事會的主席。

狄百瑞認為包括中國、印度、日本在內的東方文化應是西方大學通識教育的一個重要組成部分，為此他編寫學術、通識著作三十餘冊，中國文明的圖景經他之手比較完整地呈現在英語世界的讀者面前。他的學術興趣焦點是新儒學，極力發掘儒家思想中的自由主義傳統，認為中國雖缺乏西方意義下的「自由主義」，但並非不重視「自由」。在這方面，他的《中國的自由主義傳統》（ *The Liberal Tradition in China,* 1983）、《儒家的困境》（ *The Trouble with Confucianism,* 1991）、《亞洲價值與人權：儒家社群主義的視角》（ *Asian Values and Human Rights: A Confucian Communitarian Perspective,* 1998）三部著作，可視為一個整體。

　　狄百瑞的著作還包括《高貴與文明》（ *Nobility and Civility: Asian Ideals of Leadership and the Common Good,* 2004）、《為己之學》（ *Learning for One's Self: Essays on the Individual in Neo-Confucian Thought,* 1991）、《東亞文明：五個階段的對話》（ *East Asian Civilizations: a Dialogue in Five Stages,* 1988）等。1974 年，他當選為美國人文與科學院院士（American Academy of Arts and Sciences），1999 年入選美國哲學會院士（American Philosophical Association），2013 年獲美國國家人文獎章（National Humanities Medal）。2016 年榮獲「唐獎教育基金會」頒發的第二屆「漢學獎」（Tang Prize in Sinology）。

劉夢溪：我這次來美國,在哈佛大學有三個月的研究計劃,研究題目是「哈佛的中國學與美國的中國學」。看了許多這方面的資料,也和哈佛的一些研究中國問題的學者作了訪談,史華慈、傅高義、柯文、包弼德等,都作了交談。跟杜維明先生交談的次數最多,其中一次談了三個多小時,主要請他講主持燕京學社的新理念,實際上他更關心中國傳統資源的整合及如何與外部世界對話的問題。另外還有一個討論會,在他家裏,有十多位學者參加,圍繞「十年機緣」的話題。「十年機緣」這個詞語是杜先生提出來的,意思是說中國傳統資源的整合與調動,從而建立與現代對話的可能性,特別是儒學跟現代性的相關問題,這方面的探討,他覺得在時間上有某種迫切性。因為西方學術界、美國學術界,也在做這種自我檢討。如果中國的思想界和學術界,對自己傳統的檢討也能夠採取比較理性的態度,而不是像歷史上的一些時期,感情用事,理性不夠。這樣就有條件建立雙方的對話。這個機會,是一個歷史的契機。如果不抓住這個機會,就有可能功虧一簣。主要的問題是,中國傳統的文化資源特別是儒學的核心價值,能不能變為現代文明建構的共同資源,現在是一個契機,當然也是非常關鍵的歷史時刻。我想請狄百瑞教授是不是可以從這方面談一下您的高見。另外我很早就聽說您一直在主持儒學經典的會讀,幾年前是會讀《荀子》,我想知道現在是不是還在持續這種討論方法。

狄百瑞：我同意你剛才所講的話。因為在二十世紀，已經不存
在孤立的傳統，人們已經在彼此借鑒相互的傳統。大家彼此是
分享的。二十世紀的西方，比如美國的學術界，在力圖理解東
方的傳統。我們當代的一些思想家、學者、作家，在理解包括
中國在內的東方國家的傳統方面做出了許多成績。我們已經互
相滲透到彼此的傳統之中。我們同時也互相學習彼此過去的經
驗和傳統。當代的一些問題影響著世界上每一個人。現在我
們已經很難區分哪些是純粹的中國傳統，哪些是單純的美國
傳統。

　　我們要對本地區以及世界其他一些地方所存在的問題負
起責任。這也是孔子思想所提倡的。修身，齊家，治國，平天
下。我們同樣肩負著「平天下」的責任。我們今天不能說，這
是我的問題，那是你的問題。儘管每個人應負的職責不同，但
是沒有哪一個問題是孤立存在的。所以儘管我們認為中國政府
的主要職責是維護本國的和平和穩定，但是發生在中國或美國
的一些問題會影響到每一個人。比如環境污染，你不能說只污
染你一個人或一個地區，它會污染到每一個人。這就是為什麼
對話與交流是重要的。公開的對話可以有助於我們解決問題。
所有的問題都應該讓人們參與並作公開的討論。要讓對話交流
順利進行，必須彼此了解對方的歷史，不是只抽取中文中某些
詞句或孔子的一些概念，而不去考慮它們在一個較長時期中的

發展和背景。

這樣就需要了解彼此的語言，還需要了解彼此的歷史文獻和相關的思想、概念和理念，以及社會制度的歷史發展過程。還有一點，就是讓每個受過相關教育的人，都有可能參加到對話中來，盡量去理解別的民族、其他國家的文化和文明，包括他們的生活狀況和發展情況。諸如環境等問題是非常迫切的事情。因此對話也同樣的緊迫。這就意味著要通過教育為人們之間的對話鋪設條件。我們的課程，也是要讓有對話能力的人更多一些。我們的研究也應該為對話這個目的服務。過去使用的被稱為「漢學」的概念，大多數研究的內容和需要對話的這些問題並沒有明確的關係。我們必須了解和探討什麼是最重要的，什麼是最緊迫的，什麼樣的研究才和那些主要問題相關。

劉夢溪：研究的問題和文明對話應該保持一種相關性的確非常重要。我們的刊物叫《世界漢學》，是因為它面對整個世界，包括歐洲，像德國、法國，它們的漢學很有傳統。實際上中國研究這一部分內容，我們非常重視，「漢學新視域」的言論就是要探討一些跟現實直接相關的問題。有關美國的中國學的這一部分內容，我們不叫漢學，而是叫做「美國與中國」。我們今天的談話，主要是談中國研究問題。

狄百瑞：我所說的不僅包括美國人對中國的研究，也包括中國人研究西方世界，都是要找出最重要的問題。這也是儒家、孔子的一個基本觀念，就是我們面對的是有關人類的帶有共性的問題。因此對不同的社區，對生活在不同地區的人群，我們都負有責任。孔子、孟子和其他一些哲人總是指出，你必須清楚地認識何者為中心，何者為邊緣。那也就是為什麼需要對話的原因。人們往往對何為中心何為邊緣有不同的看法，只有對話才能找到一個共同的解決問題的途徑。我目前正把這種想法運用到我的研究中去，也要求我的學生做同樣的事情。目前的研究還只是一個開端，想探討這些問題與最重要的問題有怎樣的關係，包括如何去判斷它們的重要性和緊迫性，如何分配研究時間，如何找出它們與人類共有問題之間的清楚的關聯。

你只能解釋問題的由來，但不知道如何解決。那你又如何去研究呢？我不單給我的學生講，同時也在研討會上講，分析判斷什麼是重要的問題。我還讓學生彼此討論，我也和他們一起討論。接下來討論的重點是確定主要的研究文獻或中心文獻，從而對這些問題給以闡釋。所以我首先要求我的研究生認真去讀這些主要文獻，問他們讀過沒有？但他們大多沒有讀過。我指的基本文獻，並不是那些闡述抽象的哲學上的問題，而是中國那些有關儒教的基本文獻，經過好多代的中國人必須讀的書。傳統的中國人他們在讀什麼？你能讀懂他們所讀的東

西嗎？這些文獻應該反映原貌，不能背離儒家太遠。因為太遠了就會涉及過多的馬列主義和毛澤東思想。

　　我並不反對學生們討論現代文獻。我讓學生們比較「紅寶書」和儒教文獻，他們發現儒教文獻比「紅寶書」內容廣泛。所以他們應該發現儒學自古以來就有廣泛深刻的影響。你不必閱讀所有的文獻，主要是那些基本的教科書，然後讀經典文獻，再後去讀歷史。越是讀得多，越需要去發現那些最精華的文獻。我們的經典會讀就是這樣做起來的。當然還有一些其他文獻，它們並沒有被同樣深入的研究，但從傳統上講，它們也是很重要的。比如我要求我的學生，包括來自中國的、韓國的、日本的及美國的學生都在內，要求他們讀《孝經》。看他們能從《孝經》中發現些什麼。

劉夢溪：《孝經》在中國是被遺忘的經典，特別是「五四」以來，很少有人再提起這本書。但馬一浮是個例外，他在復性書院授課，把《孝經》作為和《論語》同等的經典來講解。

狄百瑞：我同意。《孝經》大家都聽說過，但沒有人讀過，或者還有些錯誤的觀念。我讓他們先讀《孝經》原文，然後再看朱熹關於《孝經》的說法。再讀諸家如元代蒙古人怎麼來解釋《孝經》，他們甚至能夠說服忽必烈將《孝經》變成元代的課程的

一部分。《四書》到十四世紀，已經可以譯成當時通行語言。為什麼呢？原因就在於蒙古人能讀懂通行語言，但讀不懂文言文，所以將《四書》譯成通行語言，使他們能夠了解儒家的經典。你從這裏可以了解中國人怎麼試圖自己來理解《孝經》，同時怎麼樣來把它譯成能夠讓蒙古人理解的文本。這個說明，它已經超出中國自身的界限，因為蒙古人是外來的。我還讓學生們看韓國人如何解釋說《孝經》，日本人如何論說《孝經》。

劉夢溪：您在這裏教學生從《孝經》開始，這樣一個教法是從什麼時候開始的？儒家的經典很多，最有代表性的當然是《五經》、《四書》，為什麼不從這些經典開始呢？

狄百瑞：我對其他的經典也這樣做，已經有好幾年了。正好今年是《孝經》，別的時候會是其他經典。這樣可以看到同一部經典不同區域的人士會有何種不同的看法，如此一來這種經典便獲得普世性和普遍性。

另外一個原因是《孝經》最重要，包括新加坡、韓國現在也都講「孝」。把東方的文化和西方的文化分開的一個重要原因，是這個「孝」。甚至新加坡，也把它當成重要一環。如果問他們，你們讀沒讀過《孝經》，你們怎麼理解《孝經》，基本上他們不知道。他們可以告訴你它意味著什麼，表示什麼意

思，在過去的時代裏對傳統的發展有何種意義，以及不同地區的接觸與交往又意味著什麼。但是他們沒有預備來探討這些對西方的貢獻是什麼。

西方文化的代表是《聖經》，他們的父母告誡他們要真誠。你知道在基督教和猶太教文化中，「孝」也是其中一個重要成分。但什麼是它的價值所在，對西方人來講並不重要。我們講上述這些東西，對西方會有幫助。在了解了雙方的貢獻之後，你現在可以了解在東亞，特別是在使用中文的東亞，它是如何發展的。同時了解西方是如何發展的，了解相互的貢獻。這僅僅是一個例子，還可以做類似的這樣的個案研究，使儒家的每一個主要觀點都可以在這個層面展開。儒家的主要概念在西方有其相對應的資源。

對有關對話的重要性，我有兩點表述：一是了解不同區域的人們的意見，相似與不同之處，其含義和用意，語言的方式和對話的方式；二是如果不能很好地了解自己，亦不能增加互相的了解。舉一些不同形式的例子。我最近一本書是關於亞洲價值和人權（《亞洲價值與人權：儒家社群主義的視角》）問題，其中探討了權利同中國儒家思想的關係。西方的權利（right）和儒家的義（rightness），這兩個詞在英文中都是「right」。這樣有助於你了解權利意味著什麼。我用的是通常的翻譯方法，而不想將它譯作「仁」。「仁」包含的內容更要多一些。

劉夢溪：比如像「己所不欲，勿施於人」，就是「仁」所包括的思想。

狄百瑞：西方也有這樣的說法，但是是說「己所欲，施於人」。有人強調這兩者的不同：一個是正面的，一個是負面的；一個是積極的，一個是消極的。但是我覺得這不重要。重要的是人與人之間的互惠關係，同情與互惠。回到問題的開始，到底傳統的儒家如何與現代社會的問題性相關？儒家還特別強調「禮」。「禮」也包含有權利的意思。因為「禮」是一種行為。西方講權利，儒家講禮敬，法律借助權威。儒家基於禮敬而不是借助權威，所以具有更深刻的意涵。儒家講的教育不僅與感化有關，而且與心靈活動有關。儒家講的「禮」和「義」（right），都涉及心靈的感覺，體現的是對別人的尊敬。如果單拿儒家的觀點抽出來用在現代社會，那肯定不能起什麼作用。但對一個工業化以後把人非人化的社會裏，儒家的這種觀念不能說是無益的。它能夠跟現實連在一起，雖然在權利制度和法律制度規定的社會裏面你不能直接應用。

劉夢溪：中國古代哲學的一些概念，跟人的關係非常緊密，所以有「近取諸身」的說法。您說的裏面含有心靈的感覺，可謂體察入微。

狄百瑞：我讓我的學生將此列為共同討論的領域。因為我們現在遇到很多社會問題，你要談現代的社會，不可不考慮人的心理問題，儒家經典能夠為我們提供一些參照。

劉夢溪：但是傳統的思想直接在現代社會發用可能會遇到困難，不僅語言方式，觀念本身也帶有歷史和時代環境的特點。所以林毓生先生提出了傳統的現代轉化問題。新儒家講「返本開新」。如何「開」法？如何「轉化」，也都顯得空洞。實際上涉及到傳統概念的現代詮釋問題，以及與現代性如何相關的問題。

狄百瑞：這也是我討論的問題。在我的課程裏，要了解歷史的發展，把它歷史化。講它們當時遇到什麼問題，所以才做這樣一種闡釋。看歷史上怎麼處理每個時代遇到的問題。你要把它理解成一個歷史的過程，而不是把這個概念拿來直接跟現代對話。不僅是中國，還有韓國和日本，它們也在用共同的概念、觀點，在不同的語境裏，在不同的社會條件下，它們如何來對待。這不是一個直接應用的問題，而是要討論跟現代文明涉及的問題怎麼相關。你看韓國、越南，它們在整個地區，在歷史實踐過程裏面，它們如何遭遇這些問題，怎麼運用這些觀念來應對當時的問題。而不是說直接應用到我們現代的事情。要想

讓這些觀念適應你自己的現代的社會，就要放在長期的歷史過程裏重新移植並重新加以闡釋。首先弄清楚它在歷史進程中原來的狀態，在當時語境下的狀況，為何是這樣，針對什麼問題。然後再針對不同語境裏的情況加以解釋。而且不僅僅是中國一個國家，不同的國別，不同的歷史階段，均遇到類似的情況。認識到一方面，還必須認識到另一方面。「理一分殊」，可以用這個觀點來作解釋。「人與天地萬物為一體」，但「人」與「萬物」有別，「一體」是共同的。我個人的一個例子是中國歷史，今天上午我還在給本科生上通課，這些學生對亞洲完全不了解，我同他們解釋我的兩個基本的原則，他們卻能夠理解，無需更多的舉例。我對研究生也講，希望他們做研究，能夠處理這樣的問題。我今天教研究生，一年級新生，第一件事是要他們必須學習了解中國、東亞，第二步才是做研究。

劉夢溪：還有一個問題，儒學思想在中國傳統思想裏面當然佔有極重要的位置，可是中國學術界也有人覺得，對中國傳統文化來說，儒家思想還不是傳統資源的全部，儒家之外還有百家，比如老子、莊子代表的道家，以及道教，影響也是很大的。還有佛教，影響更大。儒學作為傳統社會的思想主流，它長期屬於官方的意識形態，但在民間，在下層社會，佛教思想和道家與道教的思想，影響非常深刻。還有，中國社會傳統社

會在宋明以後，儒學開始走下行的路線，這是余英時先生的觀點，我覺得很有道理。儒學內部出現了理學和心學的分別。王學實際上是有反叛性的。越往後來儒學的影響越有下降衰弱的趨勢。這些情況不知道狄百瑞先生有何看法。

狄百瑞：我們的課程裏也教佛學和道教的東西，但是我認為文明的生活制度儒家是代表，它是價值判斷。佛家和道家，它們是民間大眾的宗教。它們不太討論社會的問題，以及文明價值取向的問題。而這些是儒家討論的問題，屬於社會倫理道德問題。佛家和道家他們不是這樣做的。

劉夢溪：但是在涉及宇宙和人的精神層面，儒家是不是也有遺漏？因此道家和佛家會有所補充？中國歷來有「三教合一」的說法。

狄百瑞：我所涉及的問題主要是社會的和人的觀念，是和大多數人的利益聯繫在一起的，是討論重要的歷史決定，他們選擇什麼觀點，究竟是這樣還是那樣。我的學生們理解，為什麼他們選擇政治經濟文化社會的研究途徑。大多數情況下，佛家和道家對社會、對一些道德、組織，還有對人的觀察，不能做出選擇和決定。用佛家和道家的辦法，結果是沒有辦法。

劉夢溪：您講的非常好，也非常重要。儒家它是對社會、人生的正面解答，它不迴避尖銳的問題。您對佛家和道家的這個觀察也是準確的。因為在某種意義上，道家的思想也好，佛教的思想也好，它對於儒家有補充同時也有一種消解的作用。

狄百瑞：是。我一會上課，我們談到這裏。

劉夢溪：謝謝。

時　間　/　1999 年 2 月 11 日下午 4 時至 7 時
地　點　/　哈佛大學燕京學社杜維明先生辦公室

中華民族之再生和文化信息傳遞

杜 維 明 教 授 訪 談 錄

杜維明小傳

杜維明，祖籍廣東南海，1940 年生於昆明。1957 年入臺灣東海大學，師從徐復觀先生，亦受唐君毅、牟宗三先生思想的影響，1961 年畢業。1962 年獲得哈佛－燕京學社資助赴美留學，在哈佛大學相繼取得碩士、博士學位。自 1968 年始先後任教於普林斯頓大學、加州大學伯克利分校。1981 年任哈佛大學中國歷史和哲學教授，並擔任該校宗教研究委員會主席、東亞語言和文明系主任。1988 年獲選美國人文社會科學院院士，並應聯合國邀請參加為推動文明對話而組建的「世界傑出人士小組」。1996 年出任哈佛燕京學社社長。1990 年借調夏威夷東西文化研究中心，擔任文化與傳播研究所所長。2008 年受北京大學邀請，創立北京大學高等人文研究院。

作為「儒學第三期」的主要推動者，杜維明長期致力於闡釋儒家倫理，以世界文化多元發展的眼光審視儒家傳統，並致力於不同文明之間的溝通與對話。他的主要著作有《行動中的新儒家思想 ── 青年王陽明》、《「中」與「庸」── 儒家的宗教性》、《仁與修身》、《儒家思想：以創造性轉化為自我認同》、《道、學、政 ── 論儒家知識份子》等。2001 年，五卷本《杜維明文集》出版。2001 年和 2002 年分別榮獲第九屆國際「李退溪研究會獎」和聯合國頒發的「生態宗教獎」。2009 年獲得第一屆「孔子文化獎」。2013 年榮獲首屆「傳播中華文化年度人物」。

哈佛燕京的傳統

杜維明：我聽說你和史華慈的討論有一段錄音沒有錄上，太可惜了。

劉夢溪：他那天講得非常精彩，我把請他談的問題列了一張紙，提前送給他。他的興致很高。他說當這樣談的時候，他感到欣慰。林同奇先生的翻譯只翻譯他談話的三分之一，這三分之一我已經意識到他講的有多精彩。——好，我們來談正題。

劉夢溪：來了一段時間，收穫很大，謝謝杜先生。

杜維明：哪裏。

劉夢溪：哈佛果然與眾不同，它的傳統好像是從環境的氛圍裏長出來的，一種很特殊的莊重有序的感覺，在其他大學沒有這樣的感受。我還觀察到，好像燕京學社現在正走向一種新的景況。

杜維明：其實老的燕京我也不很熟悉。

劉夢溪：所以想請您重點談一下您對燕京學社的新構想和新理念。當然儒學、文化中國、人文關懷、現代性，不妨不設邊界的談，總之願聞高見。

杜維明：我想我們還是一起談比較好，等於是對話一樣。

燕京學社是 1928 年成立的，緣由是一個鋁業公司的創辦人叫查爾斯・馬丁・霍爾（Charles Martin Hall），他留下遺囑，決定把部分財產捐資給教會在亞洲辦的教育與學術事業。他是奧柏林（Oberlin）學院畢業，由於有一種獨特的治理方式，所以得到一大批資金。燕京學社的成立就是因為得到馬丁・霍爾的一筆基金，目的是進行中美學術交流。開始第一任社長叫葉理綏（Serge Elisseeff），法籍俄裔，漢學家伯希和的學生，主要研究日本的語言和藝術。當時哈佛本來想請伯希和作第一任社長，由於伯希和的年紀已經比較大了，不能離開巴黎，就推薦了他的這位年輕的同事。所以集中支持的項目，就是洪煨蓮（洪業）先生的索引，這是當時燕京社的一項主要工作。從實際效用看，編引得對國計民生沒有什麼特別的關係，但從學術研究的尺度看，它是一項比較長遠的計劃，在電腦以前這一套索引對促進學術研究做出了具體的貢獻。

燕京社當時有兩個目標，一個是希望發展哈佛的東亞研究，一個是幫助中國發展人文學研究。1954 年開始，美國與

中國的關係已經斷了，於是把範圍擴大到東亞，主要是發展訪問學人的計劃，每年從東亞一些國家邀請十來位學人，有資深的，有年輕的，同時也資助一些從東亞到美國來攻讀博士學位的研究生。我就是 1962 年得到哈佛燕京社的獎學金來美國的。那時很有彈性，研究比較文學，研究思想史，它都可以得到支持，只要大學能夠接受你。我想研究哲學，可是我想研究的哲學的三個範圍，美學、倫理學和宗教哲學，在哈佛哲學系都不很重視，他們只注重分析哲學，包括認識論和邏輯。所以我大半的時間還是在歷史、思想史方面接觸的比較多。

　　葉理綏在他的任內，哈佛燕京圖書館得到很大的發展，主要由於請了一位有眼光的裘開明先生來負責。做了幾十年，很有成績。繼任者就是吳文津，上次你見過的。燕京圖書館已有七八十年的歷史，主要就是兩位館長。現在的鄭先生（按：鄭炯文）是第三位。

劉夢溪：我們今天見了面，中午一起吃飯，談得非常好，我想他很有活力。

杜維明：燕京社的第二任社長是賴世和，就是以前美國的駐日大使，他做了八年。繼他的第三任是 John Pelzel 教授，他是一個人類學家。然後是克瑞格（Albert Craig）教授，歷史學

家。這幾任都是研究日本的，或者以研究日本為主。一直到韓南（Patrick Hanan）接任，就是第五任，他是研究中國古典文學的。我 1996 年接這個位置，主要還是關注資料和學人兩方面的事情。燕京社大概是一種細水長流的辦法，特別是人文方面的人才，培養期是很長的。圖書館現在差不多有一百萬冊圖書，數量不是很大，但它的運用力和它的開放，使用方便，是它的特長。因為有一個基本的信念，就是學術為天下公器，任何東西到了這個圖書館，都是向全世界開放，即使大家認為最珍貴的善本，如果要做研究的話，也一定是開放的。訪問學人到現在，總數應該接近七百。

劉夢溪：是七十年的總數吧？

杜維明：是的，總共差不多七百。如果你現在看臺灣、日本、韓國，部分還包括香港，甚至東南亞、泰國還有一些關係，最近還有越南。在人文學方面，臺灣像中研院、臺大，和哈佛燕京有關係的人不少。中國大陸，從 1981 年到現在，也差不多有將近一百人，可能已經超出了一百人。所以我接任的時候，訪問學人的規模，已經有一定的特色，我們不需要改變它的特色。韓南說要考慮面向二十一世紀，我們曾經討論過這個課題。我們有這樣一個構想：自「五四」以來，東亞的知識份

子，特別中國的知識份子，到西方都是取經，嚴格地說，胡適和馮友蘭跟杜威的關係是一種師生的關係。這個情況在二戰以後，更為凸顯，因為美國變成一種「教導」文明，而且是一種強勢的「教導」文明。燕京社的工作，多半與束亞有關係。如果往前看，從美國文化本身講，是不是能從「教導」文明重新再恢復它的「學習」文明的優勢，比如美國以前對歐洲，它是「學習」文明，把世界資源供自己掌握。但是對東亞，二戰以來它養成了習慣，是「教導」文明，如果美國成為一種「學習」文明，是不是東亞也可以變成它的學習對象？當然從企業的方面來說，日本已經有很多可學習的經驗了。我是從廣義的文化著眼，有沒有可能，東亞也成為美國「學習」文明的資源。這是我們的一個構想。

　　另外就是反思任何一種可以普世化的理論，不管是屬於人類學的、社會學的、經濟學的、社會科學的任何理論，如果不通過東亞，特別是中國現實的考驗，它是否能夠成為一種普世化的理論。這是一個很大的但應該是毫無疑問的問題。東亞的知識份子，從「五四」以後，一方面因為揚棄傳統，另外一方面要走現代化的路，甚至把現代化和西方化混為一談，要到西方取經，這種意願越來越強。我們可以叫做西方啟蒙心態。這種情形在中國知識份子群體中間特別突出，現階段還沒有明顯改變的跡象。從學術角度說，很多地方知識都有它特定的文化

背景，特定的地域限制，但卻可以具有普世的價值。以前這種地方知識大半來自西方，比如說巴黎的年鑑學派，成為世界史學的一種潮流；美國的現代化理論，本來是針對美國現實社會所提出來的一些觀點，卻變成了似乎是放之四海而皆準的一個現代化理論。像市場經濟的運作和民主政治的發展，都是以西方的特殊經驗作為基礎向世界各地傳播。而東亞的知識份子，不僅願意接受，而且認為能不能接受是判斷他們有沒有現代性知識的標準。我們想探討，在這個大的趨勢的背景下，有沒有一種可能性，就是面向二十一世紀，有一些東亞的地方經驗、科學知識或者思想體系，它是不是應該成為具有普世意義的東西，對西方的學者有參考價值，成為提供信息的必要條件。燕京社希望能夠支持這種類型的東西，他們就叫做有全球意義的地方知識。

劉夢溪：用心良苦呵。

杜維明：假如是這樣一個情況，它需要具備兩個條件，一個是東亞地區的學人對自己存在的環境，它的文化傳統，它的現實情況，應該非常熟悉而且根源性非常強。也就是他的地方知識需要掌握得非常周全。另一個是這批學者需要有全球性和國際性的視野。假如向這個方向走，如何能夠開拓人文學術發展的

空間，是我們在東亞社會、在中國應該做的工作。這是我和韓南——我們的一個共識。

我參加這個工作剛剛三年，只是對環境比較熟悉一點，還談不上有什麼新的創意。這個工作要取得發展，難度非常大，最大的困難是整個文化中國（廣義的文化中國）的精神資源事實上比較薄弱。所謂薄弱，不是指民間社會，而是說知識群體。無論如何知識界開拓的價值領域是比較少的，因為主要的力量差不多集中在經濟和政治兩個方面，包括市場經濟背景下跟政治有關的各種複雜的課題，如民主、人權、自由這些課題。人文學術相形之下是被邊緣化了。所以現在的文化中國，企業界的人特別多，政治方面也相當多，但在人文學領域裏面，困難相對比較大。

中國大陸的儒學重啟

劉夢溪：從八十年代開始，我感到你始終致力的是這個事業。昨天跟周勤談起來，覺得中國改革開放以後對傳統重新檢討並恢復記憶，實際上與你在八十年代中期連續幾次的推動儒學，

有一定的關係。你剛才講的涉及到改革開放之後的反思,我們把那一段經歷看作是對傳統恢復記憶的過程。事實上剛開始的幾年,學術上的深入開拓談不到,只不過是恢復記憶,重新連接傳統而已。但今天過去十多年之後看這段歷史,你在這個過程當中所做的推動,意義相當之大。

杜維明:我第一次回去大概是 1978 年,所以現在看起來已經有二十年了。1980 年我在北京住了一年,那個時候,我本身有很大的缺失,因為我當時的意願比較集中,就是從事自己的學術研究,對大陸這一塊大的園地幾乎一無所知。事實上當七十年代尼克遜訪華之前,很多像我這個背景,臺灣受的教育,然後到美國留學,包括你熟悉的人很多朋友,如余英時、許倬雲、金耀基,差不多都是這樣。這一代人的經驗,很多人認為他們永遠回不到大陸,而且也不可能了解大陸的情況。當時研究中國多半是在香港,而且是通過香港接受的難民,很多學者後來成為中國專家,都是這樣來接受信息的。現在已經不能想像了。因為門開了以後不能想像那時是怎麼回事。但是我有一個強烈的意願,就是我需要了解,有任何機會,我就要了解,而且不是片面的了解,需要直接的接觸。1978 年我第一次有機會回去,在北京的時候,還跟馬王堆的整理小組會談過。我那時候回去,是海洋學的代表團,余英時是漢代文化遺跡的探訪團。

劉夢溪：就是余先生回去的那一次？ 那次他去了敦煌。

杜維明：同一次。我們在北京的時間相同，所以我在北京的那一周，就參加了漢代的代表團，也去了馬王堆小組，也去了北大，也去了北京圖書館。那時候我就做了一個決定，如果有機會，我願意回去。但是這個決定我現在回頭想起來有點奇特，因為我們這一代，跟我有相同背景的，沒有任何人做過這個決定。因此 1980 年我在北師大住了一年，那一年對我的影響太大了，那時正好是 77、78、79 級進大學。北大歷史方面還沒有恢復，所以我到了北師大。白壽彝、何茲全、趙光賢幾位先生，幫我安排了一個書房，我可以利用我的書房和同學、老師單獨交談，有時兩三位一起談。不僅是北師大，北京地區的高校我接觸的很多，幾乎每一天都有一些溝通。比如那個時候出了一個雜誌叫《這一代》，只出了一期就被禁了。我發現「文革」以後出來的這一批知識份子，既有群體性又有批判性的自我意識。當時我是通過中美學術交流委員會的研究計劃，在北京師範大學整整一年。我那時候去，很多人認為不現實。現在回頭看起來，不僅現實而且有可行性。我接觸的是純粹學術界，就是接觸知識份子，和官方保持了距離，包括統戰部的邀請，我當時沒有任何接觸。我變成師大的人了。後來他們感覺到我語言沒有困難，說你可以自己走，我們就不陪你了。這樣

的話，我就到了全國各地許多地方，包括普陀，都是以內賓的
方式接待。

劉夢溪：這個經驗不得了。

杜維明：我在普陀的時候，一天一塊錢人民幣，跟內賓一起，
大家都是大舖。而且我來到了重慶，回到了昆明，我的出生
地。也去了廣州，還有曲阜，很多地方去了。當時事實上我問
兩個問題：第一，儒學作為一種學術傳統、一種思潮，在中
國能不能有發展？能不能當作學術而不是當作生活習慣，它
有沒有發展的可能？這是第一個問題。第二個問題是，當時
的⋯⋯。

劉夢溪：我插一句，當時您這個想法是很不合時宜的。

杜維明：完全不合時宜。

劉夢溪：那是在「儒法鬥爭」的陰影裏還沒有完全擺脫的時候。

杜維明：是的，所以另外一個問題就是，在中國到底有沒有相
對獨立的知識份子群體。又有群體性，又有批判性的自我意

識，這樣一種相對獨立（不是完全獨立，跟政府跟政治仍有密切的聯繫）的群體，有沒有存在的可能性。事實上 1980 年我在北京的那一年，對這兩個答案都是肯定的。我認為儒學的研究，在中國大陸可以發展，而且發展的前景不是一般外面的人所能理解。另外它有一個知識份子本身的傳統，雖然知識份子當時還心有餘悸，還受到很大的迫壓。

這樣，從 1980 年開始，後來 81 年、82 年、83 年，差不多每一年我都有機會去中國，時間有的短些，有的長些。1985 年通過富布賴特訪問學人計劃，我去北大幫他們上了一年儒家哲學的課。這個經驗使我感覺到，如果燕京社的目的是要發展根源性非常強、既是地方知識又有普世意義的潛力，我們要看幾個潮流：一個就是現在學術界講的社會科學的本土化的問題，像楊國樞是一個例子。又比如心理學的本土化，就是把西方的那些方法，通過中國現實的經驗，使它們能夠和中國的實際情況有親和的關係。但是還不止如此，還要看能不能從特殊的經驗中摸索出一些方法學上的觀點，而且它的解釋模式又不限於東亞。一方面是把外邊的東西通過本土化的過程，吸收成為自己的資源；另一方面，以自己地方性的資源為基礎，向外面播放一些新的方法學上的信息。這兩個方面互動的可能有沒有？現在看只是一些苗頭，並沒有形成大的氣候，但這個潮流我想是不可抗拒的。因此這裏面就牽涉到一個比較大的課題了，就

是二戰以後到底有沒有出現一個東亞的現代性？或者說有現代意義的東亞社會。

劉夢溪：這在當前很關鍵呵！

杜維明：對，關鍵的大問題，也牽涉到你前兩天說的金融風暴，亞洲的金融風暴。假如我們肯定（這個中間還有爭議）出現了一個東亞的現代性，還需要把社會主義的東亞和工業東亞分開來看。工業東亞包括日本、南朝鮮、臺灣、香港和新加坡；社會主義的東亞包括中國大陸、越南和北朝鮮。但是社會主義的東亞，在中國大陸經過改革開放以後，它的發展過程是一個梯形，就是從廣州沿海一直到大連，然後從沿海通過長江深入到內地，到武漢，到重慶，它的發展和工業東亞的關係越來越密切。

劉夢溪：這個圈在不斷套合，一部分一部分的套合，不是一下子完全一樣的重合。

現代化的不同文化形式

杜維明：對，是一部分一部分的。有人甚至談到所謂自然經濟區的問題，不管從投資，從旅遊，從學術交流各方面，中間的互動愈來愈頻繁，這也成為文化中國的一種動力。這個現象說明，東亞的現代性深受西方文明的影響，包括西歐和美國，特別是美國。但是它在很多生命世界和西方的政治、社會、經濟、組織，又有很大的不同，所受影響也不盡相同。它有自己所具有的文化的根，使它塑造成這樣一個現代性，不能跟西方一般的現代性等而同之。可是大家對它的意涵解釋很不同。我的看法是確定的，但並不是一廂情願地來確定我的解釋。有的解釋則是一種取代性的解釋，就是認為，以前是西方的強勢，屬於大西洋文明，現在被太平洋文明所取代了，西方的模式被東亞的模式取代了，十年河東，十年河西，現在已經變了。這個看法引起很大的震動，但實際上不僅沒有這個力量，而且也沒有現實的基礎。我的說法不是取代性，是從一元逐漸走向多元的過程。假如東亞有東亞的現代性，意味著將來東南亞、南亞、拉美，都存在具有自己文化特色的現代性出現的可能。

劉夢溪：理論上講，不同的文化的根性應該有不同的現代性，

至少是不同形式的現代性。

杜維明：是的。東亞反證了一件事，就是把「西化」完全當作現代化是有缺失的。

劉夢溪：把現代化等同於「西化」是二十世紀的一種思潮。其實不應該用一種現代性代替所有其他的各種可能。

杜維明：不是從甲到乙，而是從一到多。現在有了「一」的反證，意味著有其他可能的出現。這個觀念聯繫到另外兩個觀念，一個就是現代性中的傳統問題，我們最近在北京開了一個學術討論會，集中在討論這個課題。另外一個，就是現代化可以擁有不同的文化形式。

劉夢溪：可以有不同的文化模式。

杜維明：對，不是只有一種文化模式。

劉夢溪：現代性中的傳統問題和文化模式的不同，這兩個問題都非常重要。

杜維明：還有一個問題是，所有的現代性，不管是西歐、北美，如果我們把所謂的現代性再做一些分梳，法國、德國、英國、美國各種類型的現代性，沒有例外都和它本身複雜的地方文化有千絲萬縷的聯繫。所以突出現代性，是因為它有一些可以普世化的東西，比如說民主政治呀，市場經濟呀，或者是個人的尊嚴呀，等等。但是這些普世性的東西，在它具體呈現時，都有不同的性格。

劉夢溪：德國顯然和法國不一樣，和美國也不一樣，比如民主制度。

杜維明：甚至市場經濟也有各種模式。這樣說來，經過互相參照，將來我們會發現一種情況，就是多元的現代性。今年7月份我要參加一個學術討論會，議題就叫多元現代性，multiple modernities。多元現代性意味著什麼？美國文理學院上次出了一個專號叫 Early Modernities，就是早期的現代性，比如十七、十八世紀中國的、西方的、拉美的，各方面的不同。如何從這個角度來看，西方現代性的出現，不管你說源遠流長也罷，還是五百年或者最近二三百年的發展，它本身都非常複雜，內部充滿了矛盾和張力，包含有不能完全諧調的各種不同利益集團的不同的價值，是一個集合體，這個集合體毫無疑問

動力太大了，所以可以叫「浮士德的精神」。

劉夢溪：史華慈講到了這一點，他也稱現代性是一種「浮士德精神」，是一種不惜一切代價追求知識的無限欲望。

杜維明：它是「浮士德精神」。為了新的經驗、新的價值、新的信息、新的科技發展，出現了這種精神，發展到後來有相當殘酷的一面。不管是殖民主義，還是帝國主義的繼續發展，都是身不由己。當然有西方現代性的突出的理性，但除了這個理性以外，也有一種非常反理性的帶有強烈的浮士德精神的那種爭奪的力量。所以法國大革命的下一段，就是雅各賓專政，後來又有拿破崙專政的出現。我們說現代性在西方錯綜複雜，人類的最崇高最有價值的理念和最殘忍最有暴力性的現實糾纏在一起。既然如此，而且它已經成為人類共同的遺產，願意也罷不願意也罷，它這個大的論說已經涵蓋一切，我們要對它進行反思，我們應該用什麼資源來反思呢？

劉夢溪：那天史華慈教授的一個核心觀點，是他認為永遠不要把文化看成一個死的東西，看作完整的一塊，他說文化是流動的，是一個鬆散的整體。

杜維明：對，一方面鬆散、流動，另外它們之間又互相參照。

劉夢溪：所以他說有跨文化溝通的可能。

杜維明：絕對有這種可能。

劉夢溪：他說把文化看作一個死的東西，那二十世紀就有納粹這樣的極端，當然也有另外的極端。你不能把文化現象看成鐵板一塊。

杜維明：是的。另外一種論說，就是所有大的文明，像現在世界上還有生命力的一些大的文明，比如說從宗教哲學的角度看，世界七大宗教，包括基督教，佛教，中國的儒教，道教，印度教，中東的猶太教和伊斯蘭教。它們都有向各個不同的領域發展與溝通的傾向，都不是鐵板一塊，都有包容性。像西方的現代文明，它突出了一種強烈的人類中心主義，帶有侵略性和擴張性，我不是指對其他的民族，而是對自然。甚至在一定程度上揚棄了精神領域，因為它是反宗教反上帝的，現在它面對大的挑戰。

劉夢溪：剛才你講的，西方的現代性實際上有兩個傳統：一個

是理性的傳統，可以分解出許多東西；另外還有一個非理性的
傳統。這是很有意思的觀點。

杜維明：西方現代性的非理性的成分很強，而且理性和非理性
是糾纏在一起的。現在西方的學人，包括史華慈他們，開始重
新詮釋西方的現代性，希望能把現在還活著的有生命力的精神
資源調動起來，使得西方現代性發展出來的包括對自然的侵略
性，那種浮士德精神，怎麼樣才能有轉化的可能。在這個前提
下，他們重新開發西方固有的資源，其中包括希臘的哲學傳
統，特別是蘇格拉底、亞里士多德的哲學傳統以及猶太教的傳
統。史華慈在這方面有很深的感受。

　　所以剛才講的一些考慮和燕京社的工作結合起來，就是
希望注重人文學，注重具有東亞特色的地方知識的普世意義。
那麼東亞社會到底能夠調動起來什麼樣的文化資源？這些調動
起來的資源面對強勢的西方啟蒙心態，它可能做出一些什麼貢
獻？這意味著東亞的知識份子，特別是中國的知識份子，在充
分接受西方文明的洗禮之後，怎樣開發自己傳統文化的資源，
是一個燃眉之急的大課題。在這方面的文化資源裏面，包括道
家、儒家、大乘佛教等等。因為我的目標比較集中，是自己學
術方向的選擇，也是自知之明，不能所有的東西都去搞，只是
把儒家作為傳統中的一支，看看儒家可能提供一些什麼樣的資

源，它在今天的背景下能夠有什麼樣的發展。

　　但以我自己的經驗，可以說六十年代來美國以後，是從儒家的命運已被判了死刑的困境中，逐漸開拓出一個新的空間。這個新空間，表面看相當長一段時間是在純粹學術界，尤其是哲學界展開討論。但這非常重要，中間我認為經過了好幾代人的努力，一般來講就是從熊十力、梁漱溟，到牟宗三、唐君毅兩代人。實際上還不止於此，至少康有為、梁啟超的思想批判也與此有關。更早一點，魏源、龔自珍開始面對西方衝擊的時候，他們多半做的也是這方面的工作。就是面對西方文化的挑戰，你怎樣做才能夠調動起自己的傳統文化的資源，從而進行新的整合。確實經過了好幾代的人努力。我們跟日本的情況相當不同，一般認為日本是成功的，我們則不夠成功。但是這要看時間的長短，如果只看二三十年或者七八十年，日本可能比較有效，如果看一兩百年，就不一定了。

劉夢溪：你的學術理想令人讚歎。其實據我的觀察，比如說近五年以來，日本的聲音似乎越來越弱了，我是指它的思想界的聲音。

杜維明：我了解。

劉夢溪：因此就涉及一個問題，比如說我走訪了美國一些大學，圖書館的管理人員有一些是日本人，日本學者當然重視自己的資源，於是就把中國的書放在角落裏，像 Berkeley（伯克力大學），日本的書與中國的書相比顯得格外突出。

杜維明：有這種情況。

劉夢溪：我想講另外的內容，我是說日本的聲音，它的真正的哲學的聲音，是不是在萎縮？

杜維明：可是你知道，日本的京都學派，日本的禪宗，在西方世界不僅有極大的影響，而且在西方思想界已經扎根，這在現代中國和西方的溝通中間沒有同樣的例證。中國過去有過炫目的光輝，但近代以來還沒有出現。另外日本脫亞入歐的路線基本上是成功的，現在是世界第二大經濟體，但如何回到亞洲成了它現在面臨的問題。

劉夢溪：是的。

杜維明：是不是能回得去，是很大問題。

劉夢溪：我想很困擾。

杜維明：這確實是很大的問題。日本有一個一廂情願的想法，就是它是走緯度的，在二十一世紀，它是緯度的橫跨，而不走經度。本來應該向南和朝鮮、和中國發生新的綜合性關係，但它想跨過去，只是和臺灣和香港，然後一直到澳洲，想在這方面找出一條生路。我認為這個意願不大可能成功，它一定要和中國有密切的關係才是正途。不過日本的本土化和全球化配合得是比較好的，它既有強烈的全球化傾向，又有本土化的生長。問題是除了全球化、本土化，還有亞洲化的問題。這中間的問題還是非常複雜，主要在於怎麼樣定位日本。按亨廷頓的觀點，他把日本置於東西方之外的特殊地位。

劉夢溪：結果他等於沒有解釋日本。

杜維明：不僅沒有解釋，還把日本作為一個獨立的文化單元，沒有把它擺在主要的文化圈，這跟我們現在所了解的很不相同，跟賴世和的了解也有蠻大的距離。

劉夢溪：可是他也不簡單的說日本就是西方。

杜維明：當然不是，他把它作為一個獨立的單元。

劉夢溪：這個很有意思，可以啟發我們從文化的視角重新認識國際格局。

中華民族之再生和文化信息傳遞

杜維明：因為亨廷頓認為，將來西方可能受到的挑戰是來自東亞。我個人感覺得多少有一點憂慮，甚至也可以說是一個很嚴峻的課題，這就是在東亞現代性這個範圍裏，大家現在最重視的課題，是中華民族的再生和興起問題。

劉夢溪：「再生」這個概念很好，「再生」比「興起」還好。

杜維明：這個「再生」，現階段人們多半從經濟、軍事、政治上來理解。容易理解為，以前是「人為刀俎，我為魚肉」，現在這個情況不再了。為什麼我們那麼關心人文學術的問題，關於「文化中國」的資源夠不夠的問題？主要跟這一點有密切聯繫。

換句話說，中華民族的再生，它傳遞的文化信息究竟是什麼？假如傳遞的文化信息，只是中國人以前受欺負，現在我可以不受欺負，甚至我也有能力欺負人，就不是正常的文化信息。

劉夢溪：你今天講的至為關鍵，我相信並沒有多少人想到了這個問題。現在中華民族正面臨一個往現代性大踏步前進的轉型期，從一個角度看，可以說是古老民族的再生。但絕大多中國人或者西方人，特別是掌握權力的人，他們只是從經濟和軍事來看中國，文化方面則被忽略了。但是你說的對，我們應該向外界發出什麼樣的文化信息呢？

杜維明：這個非常重要。所謂「中國威脅論」觀點的出現，甚至在中國內部，也有人講世界的遊戲規則沒有變，還是弱肉強食，還是強暴的或者強權的政治，只不過以前的強權多半是西方，現在多了一個人，這個人的價值觀念跟西方的不一樣。這種看法也是一種信息，但卻是容易遭到誤解的信息。當然國際社會的重組，是非常艱難的過程，現在想分一杯羹的人更多了。而且是不是由於中國的興起，其他第三世界，以及那些無依無靠的民族，會不會更抬不起頭來，是不是所有發展的資源都會被中國吞噬，或者中國蓄意要對日本、對西方、對美國進行抗衡挑戰。

劉夢溪：以我的看法，當然不是這樣，中國文化的特性從來不具有擴張性。

杜維明：但是現在中華民族的再生，它所傳遞的文化信息到底是什麼？

劉夢溪：人們還沒有明確看到。

杜維明：一方面沒有看到，另一方面知識界不把它當作一個嚴肅的課題來做，比如說從整個「文化中國」的角度來論述這個問題。

劉夢溪：是的，中國的知識界好像還沒有產生這樣的文化自覺。如果文化信息的傳遞問題解決不好，剛才你說的被誤解為增加一個分吃的大戶，甚至多了一個搶土地的人，這對中國的現代化，對民族的再生，就不是有利了。

杜維明：但是這裏面有一個最大的「死結」——不說「死結」，是一個癥結，現在我們不僅沒有過這個關，而且似乎「卡」在那裏動不了。這個癥結，其實就是中華民族的再生能不能解決好自己的內耗問題，即資源和思想的內耗問題。如果自己家裏

邊的文化傳統和思想資源不能得到正確的詮釋，經濟上又成為強勢，又有長期受屈辱的歷史，積鬱的很多悲憤不能得到化解，表現出來的多是不平之氣，與外部世界的溝通就困難了。

劉夢溪：百年中國受屈辱的歷史人們仍然記憶猶新。

杜維明：這個情況如果從外面來看，會讓人覺得有爆炸性的潛力，同時也是對中華民族再生的考驗。這方面的課題，並不是哪一個黨哪一個派的問題，而是民族長期發展的需要。為什麼人文學術變得那麼重要，這有幾個原因：第一，人文學是對人的自我反思最貼切最直接的學問，文學、歷史、哲學、宗教，所謂文化人類學，都關涉人的本身，因此當一個民族再生的時候，人文學和文化信息的傳遞直接相關。第二，假如中國現在突出經濟資本而忽視社會資本，重視科技能力而忽視文化能力，注重智商而忽視情商，注重物質條件而不顧道德理性，這種情況下我們來解讀中國當前的社會，就很難得出中華民族已經走向長治久安之道的文化信息。

劉夢溪：如果這樣，實際上是文化偏執病，社會容易失衡。不過經濟和科技的落後是困擾近代中國的大問題，如今經濟力的提升對文化建設有直接的好處。何況商品化的結果，使僵化的

意識形態也不容易站住腳。

杜維明：當然有這方面的功用。我是說如果把功利的、眼前的、錢和權的利益作為第一需要，那這個社會的自我反思和自我批評的能力，就會相對減弱。你跟我說的，全國最好的精英都被吸引到市場經濟的框架裏，以及科學技術領域。事實上，人文知識界最能夠進行文化傳統和思想資源的反思，假如不能形成隊伍，應該是非常大的悲劇。從 1981 年開始，我就了解到甚至有一些人的自嘲，說自己從事的是「無用之學」。其實這樣的「無用之學」，它的「用」可能有更大的價值，那就是為社會尋求長治久安之道。我非常不願意看到國內的精英大學人文學術滑坡。新加坡是很現實的社會，但它已經意識到人文的重要，你看他們最近的討論，關於華文教育，關於創意精神，關於文化價值，關於語文等各個方面。他們從來不隨便投資，不會做沒有報酬的投資，但這樣一個社會在面向二十一世紀的時候，從政治領導到學術界的領導都意識到人文的重要。新加坡大學整個在改制，我參加他們人文學的改制，他們甚至把哈佛的精英、行政的精英全都請去，研究中心科目怎麼樣設置，怎樣培養人文學的人才。因為他們了解到，如果不這樣做，下一步的競爭力就會減弱。現在是知識經濟時代，人類已經進入另外一個競爭的領域。國內現在有一些學者開始做出了

一些回應。我一直在強調，在中華民族再生這個歷程中，一定要能夠傳遞出正確的不容易發生誤解的文化信息。比如說，不能忽視印度，而應該把印度作為一個重要的參照。

劉夢溪：實際上印度也已經被忽視了。

杜維明：完全忽視了。你看胡適之先生以前說，中國的大悲劇，就是印度化。他是指佛教對中國的影響。可是現在，我想不能忽視印度。它有大概至少八千萬到九千萬中產階級，包括它的官員，它的知識份子，它的企業界人士。印度現在是世界第二大軟件市場。另外它有幾個特色，我覺得尤其值得我們注意。第一是印度有九千萬到一億說英文的，而且有完全能夠進入英文世界的中產階級。所以它和西方的聯繫，它對西方社會的理解，對西方社會批判的認識，要遠遠超出其他國家。另外一點，印度有五十年的民主制度，儘管民主制度有很多其他的缺失，但它為知識份子，為中產階級創造了一個充分發揮才智的空間。印度所培養出來的知識份子，絕對可以和西方平起平坐地辯難，這和東亞與西方的關係很不同。他們可以說已經成為諍友，甚至在很多地方成為強烈的批判者。這中間我接觸很多很多，他們不僅是能說善道，理論的基礎也很牢固。

劉夢溪：他們的資源在哪裏呢？

杜維明：他們的資源非常豐富。

劉夢溪：他們作為批評者的時候，使用的是本民族的文化資源嗎？

杜維明：有各種不同的資源。西方幾百年的殖民主義，特別是英國的價值、習慣，比如說英國飲茶的習慣，四點鐘茶，現在英國很多地方已經沒有了，但在印度卻保存下來。很多習俗上的東西相當明顯。當然它在制度上有它的困境，比如窮困問題，種族衝突問題，各方面的困境很明顯。但它的民主化的傳統這份資源不能忽視。還有印度是精神文明輸出的大國。經過英國殖民主義好幾百年，它的精神脊樑沒有被打斷，文學、藝術、宗教、舞蹈、音樂等各方面的人文資源，都能夠調動，文化呈現多元的景觀。

劉夢溪：它的民族語言有很多很多種。

杜維明：非常多，表面上看起來完全沒有統一。我覺得印度在很多地方確實可以作為中華民族再生的參考。以前我們了解

到，在十八世紀，中國是歐洲啟蒙思想家最重要的參考社會，儒家成為他們重要的參考性思想文化。十九世紀歐洲中心主義形成以後，情況變了。現在面向二十一世紀，我相信那種情況會重新出現，就是各大文明之間的互相參照。亨廷頓的「文明的衝突」後邊，一是預示文明是多元的，不能用一種文明來消解其他的文明；另一點就是他所說的文明之間的抗衡。其實他的看法有相當的局限，因為文明有可以有對話、可以有交融的一面。像基督教文明，現在已經成為比如說韓國文化的一部分。伊斯蘭教的文明也不僅是中東，亞洲發展的也很快。反過來講，儒家的文明也可以在歐美有發展的餘地，都有互相借鑒、互相辯難、互相溝通和互相交融的可能。

　　從這個角度看，我感到現在不管你屬於哪一個專業，哪一個學術的領域，對傳統文化特別是對儒家文化的資源怎麼開發，我相信應該是大家共同的關切。可以有各種不同的思想方面的選擇，比如猶太民族的文化傳統，所有跟猶太文化相關的知識份子，愛因斯坦也罷，Isaiah Berlin 也罷，或者現在 Derrida 這些人也罷，他們各人的取徑不同，但猶太文化是他們每一個人後面的精神動源。這一點從愛因斯坦開始就很明顯。回到我們的話題，如果說「文化中國」的知識份子後面的精神資源不夠，這個是不是一個問題？我覺得是一個很大的問題。實際上等於說，對你影響最深刻、時間最長、對塑造這個文明

最有影響力的這個文化本身，它的合法性並沒有建立起來。你想這是什麼問題？

劉夢溪：中國近代以來的文化斷層是嚴重的，傳統早已七零八落，當務之急是怎麼樣整合傳統。這一二十年人們有所覺悟，開始恢復對傳統的記憶，但理念論說的框架——是不是就是「合法性」，還沒有建立起來。

杜維明：合法性的建立，不是一廂情願的。儘管有很豐富的資源，但你不去開發的話，它的資源不可能發揮積極作用。我的感覺，事實上有兩個方面多半是被誤解的：第一個方面，要有全面和深入的批判意識，可能比「五四」時期更要加強。第二個方面，儒家文化對中華民族的心靈塑造所起的作用，就是魯迅那時候所關切的東西，我們至少不能像他們當時那種如同對待包袱那樣，有一種一丟了事的樂觀。我們跟「五四」知識精英最大的不同，就是我們認為要更全面更深入地批判傳統，可是這種批判，是建立在本民族的精神資源還有生命力還有說服力還有價值的基礎上。假如你認為自己民族文化資源裏面，最健康的價值沒有辦法開發，只是凸顯它的消極的東西，即使工作做得再努力，也不會有成效。

劉夢溪：那天史華慈對後現代思潮不很滿意，他特別提出，希望中國不要丟掉自己的傳統資源，在建設的時候，不要對傳統一推了之。

杜維明：這個我跟他的意思完全一樣。在開發資源的時候，需要徹底了解它的內在邏輯和它的核心價值，包括在社會上可能有的負面影響，因為傳統資源的各種價值層面是在一個複雜的網絡裏面，例如權力層面可以有很負面的價值。

劉夢溪：當我們講文化信息和文化資源的時候，後現代主義思潮對傳統所採取的是一種解構的態度，企圖消解任何權威和偶像。當然其中包含有對某一種既定社會秩序和文化秩序的反彈，也和市場經濟的無序發展有一定關係。但後現代思潮所表現出來的文化態度，更多的是快意者的挑戰。

杜維明：是啊！有很多人說市場經濟是最大的自由主義者。

劉夢溪：史華慈對把一切都推向市場表現出了擔心，他似乎很憂慮。

杜維明：充分接受市場經濟的動力和贊同市場社會的出現，是

相當不同的涵義。因為市場經濟是好的，但市場社會是一個大悲劇。一個社會，比如說美國，很明顯的市場經濟在很多地方比中國要全面得太多了，但是像美國這樣一個社會，它的大學制度，它的政府結構，它各種不同的民間團體，各種不同的職業團體，和各種不同的社會運動，都不是靠市場的機制來運作。比如美國大學的最主要的力量，是來自通識教育，主要是精英的通識教育。這個通識教育絕對不是為市場服務，在很多地方它是培養領袖人才，而領袖人才一定不是局限於市場機制，而需要有強烈的批判意識。大學絕對不能完全用市場的方式來運作，不然的話，梵文系以及很多市場效益很低的系，就沒有辦法成立。

一所大學能夠有很大的動力，這表示它可以為很多沒有市場效益的學術領域作極大的投資。如果僅僅以市場來考慮，整個人文學差不多都要被邊緣化。美國的精英大學，有的只有一千多人，例如 Hamilton、Oberlin，很多這樣的大學，所以在美國社會有那麼大的影響力，就在於它維護社會最重要的核心價值，而且培養一代又一代的領袖人才。很多職業團體，比如律師、醫生這些職業團體，它的權威的建立，大半也不是靠市場經濟。大學裏面的權力結構，跟市場機制也有很大的距離。所以說市場經濟是健康的，但市場社會絕對不健康。另外很多社會組織，比如說家庭，假若都按市場的規律來運作，我相信

根本沒辦法維持。

我現在問一個問題：就是除了西方所能有的普世性的價值之外，比如說人權、自由、民主、平等、法制、理性這些價值之外，到底還有沒有一批也具有普世意義的價值？讓這類價值也得到充分發揮，使我們現在面臨的複雜的社會，能夠更平穩地度過難關。比如說信、忠、義、仁、禮，這樣一些價值是不是也是一種普世意義的價值？像我們今天開「儒家倫理」的課程，那我問幾個簡單的問題：通常說的人，到底是一個孤立絕緣的個人，還是一個關係網絡的中心點？在道德實踐方面，理性和同情當然一樣重要。除法制以外，禮教（現代意義下的禮教，包括教養和教化）佔有什麼樣的地位？除了權利的觀念以外，義務的問題怎麼樣處理？我相信跟西方的價值一樣，儒家的價值也應該有它的普世性。比如在美國這樣的社會，儒家思想、儒家倫理有沒有價值？有人說的有點俏皮，說可能儒家一些價值對美國現在的社會比在中國更有好處。

劉夢溪：其實這也是一種文明的參照問題。不過更重要的是對這些價值怎樣做現代詮釋。

杜維明：非常重要。

劉夢溪：仁、義的觀念，在現代社會仍然是有意義的。禮就更需要了。至於信，在市場經濟和商業關係的背景下，人與人的交往當中，更需要誠信的精神。「信」是生之為人的最基本的道德準則，尤其是為商者必須遵循的定律。

杜維明：福山最近寫了一本書，就叫《信任》，他發現現代企業文明，日本和美國或者西歐對信任的價值的認同，比很多發展中國家包括中國，更顯得突出。

劉夢溪：信任和西方社會的契約觀念也許有連帶性。

杜維明：有非常密切的聯結。

劉夢溪：中國對這些基本觀念的解釋往往彈性比較大。有一次星雲法師講，按照佛教的戒律不能講謊話，不能打誑語，但一般的信徒完全做到事實上很難，因為一個人一生一句假話都不講，這不大可能。他說比如有親人患了癌症，先不告訴他，當然是打了誑語，但是這裏邊有一個悲憫和同情在裏頭，就不算犯戒。還有朋友之間如有很難堪的事情，你不想在某個時候向他提出，這裏邊是涉及對對方的尊重問題，使對方的人格和尊嚴得到保持，這也不能用說了假話來解釋。

杜維明：是這樣。很多人說這是模糊性，其實不一定是模糊性，裏面的涵義特別複雜。你想用簡單定義的方式，企圖把它說得非常清楚，變成一個抽象原則，反而使你在實際運作中出了很大的毛病。你講的這個例子說明，它後面的基本價值，是要為人提供可以進一步發展的條件和空間。其實基本價值沒變，表面上說了謊話，實際上是因為尊重而表現出仁慈。

劉夢溪：甚至在法學領域，對法律裏邊人情成分的研究，可能是法學研究當中最具挑戰性的課題。法律是有人情的，所以法律的解釋空間也很大。據法學家講，法律本身解釋空間之大令人絕對難以想像。

杜維明：像日本也一直在研究義理和人情的關係，中國說「合情合理」，這些問題如果把它擺在生活世界裏，作為處理人與人之間關係的影響因素，對法律的建構，對民主文化的培養等等，一定會有積極的作用。

中國文化背景下的宗教與信仰問題

劉夢溪：這裏邊有一個問題，就是闡釋的語言問題。晚清以來由於西潮洶湧，東西方的交流互動，人們一般理解的闡釋方法，都是要用西方的理念、範疇來詮解中國的傳統，這在美學和哲學方面大體上是這樣做的。但問題出現了，如果完全沿用西方的理念範疇作為參照系，你會覺得中國的很多傳統資源是說不清楚的。就如同李慎之的想法，他認為中國沒有科學，甚至還覺得中國也沒有真正的學術，好像中國傳統的資源什麼都不行似的。那麼應該用什麼樣的語言來詮解，來轉注，來轉釋？這好像一直是個問題。因此知識界提出很多概念，包括過去用的「傳統的轉化」。

中國哲學、中國詩學以及古代文論，從孔、孟、荀，到漢代，到宋儒，到王陽明，他們的思想當然有自己的邏輯，有自己的系列語言。如果只用西方的哲學觀念來詮解它，我覺得還未能達到預期的效果。甚至會逼向兩個極端，一個極端是中國這套東西說不清楚，而且認為中國沒有哲學，沒有邏輯學，沒有史詩，沒有悲劇；另一個極端則認為，西方的詮釋方法不適用於中國的文化經典，它不能把中國這套東西的精蘊表達出來。這個問題到底應該怎麼解決？那天史華慈講的一個內容對

我啟發很大，他是回答我提出的一個問題，就是怎樣看中國文化背景下的宗教和信仰問題。國內的討論很多，但沒有得到解決。史華慈認為中國人當然是有信仰的，只不過這個信仰比較泛，有各種各樣的神。他說你不能以為只有像西方那樣的宗教才叫宗教，只有西方那樣的信仰才叫信仰。他認為不能這樣看。他提出宗教這個概念是從日本翻譯過來的，「宗」已經把宗教教派化了，只有「教」這個字才接近中國自己的義涵，有教化的意思在內。從這個角度看，中國宗教的元素也許反而更豐富。

杜維明：我覺得需要從問題意識入手，光是著眼形式會遇到困難。現在形成這個問題和現代人碰到的各種挑戰，有密切關係。這是一個普世的問題，不是某個特殊文明所碰到的困難。傳統跟現代的問題，人和自然的關係問題，還有很多基本的價值問題，如果從中國學術角度來看，它不能只是在中西、古今這樣一個模式下來進行對話，應該在一個多元文明的背景下對話。所以我提出把印度文明當作參考，或者把伊斯蘭文明當作參考。就是讓中國知識份子考慮，如何在向西方取經、引進西方文明的背景下，應該有更多的參照。它不僅是古今中西的問題，像馮契先生講的，從「五四」以來就是古今中西之爭的問題。假如說現代性中的傳統問題，是多元現代性的問題，除了

西方以外 —— 西方本身已經多元多樣了，還有印度、伊斯蘭等其他文化的參照。當我們面對現代性問題的特殊性的時候，在整合傳統和利用西方的方法的過程中，選譯應該是多元多樣的。比如用我自己比較熟悉的傳統來考慮，對儒家文化必須從比較文明和比較宗教的角度來了解，不能說只有中國才是儒家，還有越南，還有韓國，還有日本，甚至在南亞，在中國認為不太可能的情況下，他們已經創造了儒家思想與現代性融合的一些經驗。

劉夢溪：我知道您始終關注工業東亞，他們有的也曾受過儒家思想的影響。也許不同類型的地方知識實際上都有一定的普世意義。當然特殊的東西難免有局限，但這個特殊是在全球問題的參照下形成的，所以必不可免的會與全球的現代化進程有所呼應。我想一定不會有與外部世界割斷聯繫的單獨一國的現代化。

杜維明：當然。其實也就是以前說的掘井汲泉，當你挖得愈深的時候，碰到的泉水就愈向外面流。現在常常用西方的觀點來詮釋中國哲學，中國美學或中國藝術，不成功的例子，多半是由於對中國本身的資源掌握得不夠全面，同時也由於對西方的資源，包括它的複雜的背景缺少深入了解。如果把西方的方法

所根據的理念，連同它的文化背景一起思考，那種複雜的情形就就會變得簡單一些。這種碰撞也可以使我們對自己的文化傳統理解得更深刻一些。所以我說有四個問題，需要同時考慮：就是繼承、揚棄、引進、排拒。這四個問題事實上是同一個問題的四個面向。你愈深入了解自己的文化精華，愈能對它的糟粕進行揚棄；你對自己文化的地方性、它的獨一無二的特性有深入理解，對西方引進的價值就會看得全面，認識得深刻。你對自己文化傳統的批評越是粗暴，對西方那些價值的引進就會流於膚淺。

劉夢溪：講得好。可是對自己的傳統也好，對西方的價值也好，重要的問題是如何做出正確的詮釋。闡釋和詮釋是一個圓圈，一種迴圈闡釋。

杜維明：是的，是一個闡釋的圓圈。但是，假如你不是通過狹隘的自我，而是通過開放的心靈，可以使詮釋對象和你自己的境域之間，有一種融合。這種融合會提升你的自信力，從而更加拓展你的開放性，變成一種良性的迴圈模式。比如我舉一個簡單的例子（不一定是最好的例子），在儒家文明的傳統裏，沒有西方的宗教性或西方的超越。但是一個盡量同情了解西方這些課題的人，他會把問題帶回到自己的文化傳統加以審視；

雖然表面上好像是在探究一個不合理的東西，因為我們的傳統
裏沒有發展出關於上帝，關於外在超越的論說，但是如果我們
進而思考儒家是不是有自己獨特的宗教性？它是用什麼方式體
現出來的？和西方的不同在什麼地方？這些在本民族文化的語
境裏似乎是「不合理」的問題，卻迫使你不得不重新思考並做
出回應。而你的回應很可能對西方的方法是一種新的挑戰。假
如說中國有中國自己的宗教性，比如民間的天地君親師，這些
信仰具有不同的價值，卻能讓它們互相溝通交融，而不是互相
排拒。宗教意識就是它有一種終極關懷，不僅是個人而且是群
體的一個永恆發展的願景。那麼這些價值在中國社會起了很多
積極作用，雖然它的宗教性沒有西方那樣強烈，比如關於上帝
的理念的充分展現。

劉夢溪：宗教意識是一種強烈的皈依感。

杜維明：但沒有強烈的皈依感，也意味著它沒有強烈的排他
性。表面上看，儒家又有宗教性又沒有宗教性。這個我們叫做
實踐理性。把它當作一種實踐理性，practice 中間碰到一個什
麼問題呢？就是只要有儒家參加的文明對話，它使對話的兩個
方面的代表性，在很多地方發生變化。比如基督教和回教的對
話，猶太教和佛教的對話，誰屬於猶太教誰屬於佛教，非常

清楚。但儒家參加進去以後，情況不同，會出現儒家式的基督徒、儒家式的回教徒和儒家式的佛教徒。人間佛教就是儒家式的佛教。這樣，「儒家式」作為一個形容詞，它代表什麼？以前有一種錯覺，認為你是基督徒又是回教徒又是佛教徒，那表示你的宗教真誠和宗教信仰的熱度不夠。可是儒家學說是一種特殊的精神文明的取向，它的特性是要你關切人現在所處的政治環境，不關心政治，不參與社會，作為儒家不可能。也就是通常所說的入世的特點。而基督教注重社會的福音，因此跟儒家自然有關係。因此從儒家的立場來了解宗教的特性，這個特性跟我們現在討論的公眾知識份子的信仰有很密切的關係。而公眾知識份子的信仰，就是他的信仰的公共性。

劉夢溪：你講的和我這兩年考慮的問題直接有關，我非常關注中國文化背景下的宗教與信仰的問題。你剛才講，如果是回教和基督教對話，界分很清楚，但儒家一旦摻入進去，就有新的東西出現，可能是具有儒學特點的基督教徒，也可能是有儒家特點的回教徒。那麼表現在世俗生活方面，是不是和表現在信仰方面一樣，也有它的特點？

杜維明：現在對比較宗教學是個大的考驗，它叫 multiply membership，即一個人是不是可以同時接受一兩種不同的宗教。

劉夢溪：還有一個問題，中國人的宗教信仰是有彈性的、比較寬泛的信仰。過去一般的看法（我也是這樣的看法），覺得中國人的宗教意識太薄弱，不像西方那樣全身心地皈依宗教，信奉者的心裏除了上帝這個對象之外，沒有其他的對象。上帝是不能假設的，可是中國人的宗教信仰有相當多的假定性的成分。「祭神如神在」，孔子這個說法就帶有假定性，好像是對超自然力量的猶疑。

杜維明：你解釋得很好，不過我不想用假定，這是非常有趣的，它不是一個 proposition，假設有或者沒有，不是這樣。鬼神，人以外的很多超自然的力量，在社會上起極大的作用，不然的話，中國人信什麼風水，信什麼其他各種東西。這不是迷信。一個人的理智不可能全面照察這個世界。中國人有一種虔敬之感，對天地虔敬。有很多東西你不能掌握，不能說是假設，因為都是存在。但是這個存在會影響到我，跟我自己主動自覺的做一個決定，方向性可以配合，對我將來人格的發展，以及各方面的發展它有決定性。當然是相對而言，它可以影響我，但不一定能夠全面塑造我。它是突出人文精神的一種主觀意願，既不排斥自然，更不排斥天道。在這方面，它和西方從啟蒙發展出來的一種人類中心主義，狹隘的凡俗的人文精神，大相徑庭。那個人文精神是：你如果是信神的，就和我們不是

同路人，而對自然它有一種掠奪和侵略的心態。我們不是這樣。我們比較寬和。但是不是也有精神的強度？有。它「任重道遠」，「以天下為己任」，「死而後已」，同樣很有強度。它是一種強烈的為人類文明的進一步發展做貢獻，但與天道和自然和鬼神不僅沒有衝突，反而希望人和自然和睦相處，人道和天道交互影響。

劉夢溪：不過中國人的宗教態度也太人文化了，離人近了，離神卻遠了。所以孔子也講：「天道遠，人道邇。」如果離「神」、離「天」很遙遠，會不會偷工減料，馬虎從事？如果態度過分馬虎，是不是會削弱宗教性？

杜維明：不一定做這個判斷。至少你不能說中國人的宗教性不強。你也不能說宗教性有好多種，有的健康有的不健康。也不能說這樣的宗教態度是音盲，像韋伯所講的。中國人對宗教不僅不是音盲，他還是知音。他可以聽得到：「祭如在，祭神如神在。」「如在」這個意思不是一個假設，as if 有更深刻的意義，是說如果我不與祭，就不祭，祭跟不祭一樣。你看《論語》裏面有一句話：「未知生，焉知死；未能事人，焉能事鬼」。大半的人認為這種觀念是一種凡俗的人文主義，但它後面有更深刻的意義，就是：要真正的知生，必須知死；要真正的知人，

必須知鬼。「未知生，焉知死」，就是你還沒有知道生，你就想知死，那是劣等。你要全面知道生，那你一定要知死。儒家對生事之以禮，死葬之以禮。祭的意思，是說過去的東西跟我們現在的生命有很密切的聯繫。

劉夢溪：你的論證很精彩，至少此刻我被你說服了。就是說，只有真正知道了生，才有資格談死；還不知道生，就來談死，是不可能的。鬼神的事同樣如此。

杜維明：對！同樣，只有你真正「事人」，你才可以「事鬼」，而且「鬼神之德盛矣乎」！它那個世界很豐富。最低的要求，是了解我們的「生」，但要是最高體現的話，一定要對「死」有所理解。如果人還不了解，就想了解鬼，是沒有用處的。可是對人的了解的最高體現，一定要了解鬼神。這樣它的宗教性，它的強度，應該是一樣的，只是屬於不同的類型。

劉夢溪：但是它的強度為什麼會是一樣的？照說信仰的目標分散，信仰的強度容易削弱。人和神不分，人和天不分，神和天的神聖性也就減弱了。

杜維明：它的強度，是因為在整個宇宙生化創造的過程中，人

是一個參與者，它既可以表現為是一個創造物，又可以表現為是一個創造者，當然也可能變成一個破壞者。所以人能弘道而非道弘人。人能弘道，意味著不是狹隘的人類中心主義，更不是自我中心主義，而是注重人的責任和人的命份。人的命份就是在宇宙生化過程之中，他作為一個參與者，要通過自己的充分理解來進行宇宙的轉化，也等於說宇宙的意義需要讓人來闡述。從前講的「天不生仲尼，萬古如長夜」（劉夢溪：這是韓愈的詩），意思是說孔子代表人之所以為人的基本價值。這種觀念就是把人和天配合起來，實現宇宙的共生。這在中國人文精神裏面處處都有體現。人生的終極意義是在日常生活中體現出來的，所謂日用常行。如果一個人平時能夠在生活世界裏展現自己的價值，它的意義不僅在道德層面，而且有宇宙生成的意義。

　　這樣來看中國文化背景底下的宗教性，如同史華慈所說，它一方面比較鬆散，力量不是很集中，但另一方面，鬆散不表示它沒有力度。一般人與人之間所碰到的問題，都可能具有深刻的宗教內涵，甚至個人在家庭內部的公私問題，都界分得非常清楚。如果個人是私，家庭是公；家庭是私，族群是公；族群是私，社會是公。一直到國家的利益是私，全球社群的利益是公；人類的世界可以算私，宇宙的大化可以算公。所以古人講廓然大公。人不僅和家庭和社會族群可以聯繫，跟宇宙大

化也可以聯繫。有人開玩笑，像鄭培凱最近說，如果現代人還能相信張載的「為天地立心，為生民立命，為往聖繼絕學，為萬世開太平」，那就是荒謬的，沒有這種可能性。但是，中國的基本信念很奇怪，它主張哪怕是一介書生也罷，或販夫走卒也罷，他的視域和他的情感世界，都可以看作跟宇宙是有聯繫的。

劉夢溪：我們中國文化研究所的學術廳就掛著「橫渠四句」，顧廷龍先生寫的，有客人來，我常常解釋張載的這四句話。但同時我也覺得，宋儒的理念是一種人生理想和社會理想，變成人生或者社會的現實，還有很大的距離。所謂「陳義過高」。而且主觀的感受 —— 自己覺得已經與天地萬物為一體，不一定是客觀的真實呈現。

杜維明：可是精神世界恰恰是主觀的感受。另外還有「感應」，人的心量有無限的可能性，再遙遠的心，再和我們不相干的東西，都可以進入我們心量的觀照之中。而且每個人都可以如此，不光是哲學家。凡是有反思能力的人，都可以跟天地萬物形成一體。這種信念，我相信它是通過一種所謂感性覺醒，不是通過理智的分析。這樣它所儲備的善緣可以非常豐富。以前說中國從家庭到國家中間，沒有開拓出民間社會，事實上在家

庭和國家之間的空間，充滿了活力。

劉夢溪：中國的民間社會其實很發達，中國傳統社會的特點，恰好是有一個長期的比較穩定的民間社會。

杜維明：你說得很對，是有這樣一個民間社會，而且充滿了活力，不管你從商業從學術從宗教任何角度看，它都是聯在一起的。

劉夢溪：因為傳統社會是以家庭為中心組成的，家庭是基本的社會細胞，一個一個家庭組成社會的網絡，這個社會網絡的總體就是天下。

杜維明：天下比朝廷還要更寬。

劉夢溪：而且比朝廷更具有哲學意義。

重建儒學人文價值的可能

杜維明：當然，這種理念不管從生態學的角度，從現代社群倫理的角度，都是現在人類碰到的最大的問題。一個生態環境問題，一個社會解體問題，都需要一種新的人文主義的理念來對待它。這個理念，第一，它一定要突破狹隘的人類中心主義，要以廓然大公的態度，以天地萬物為一體的觀念，不能為了這一代人現在的利益，而犧牲了整個宇宙的資流。很多民間宗教，比如一些土著宗教，他們有這樣的信念，就是：地球不是我們的祖先留傳給我們的遺產，地球是我們的後代 —— 無窮的後代，委託我們保存的財富。這個觀念，從中國的人生觀、宇宙觀看，完全能夠配合。千秋萬世的發展，我們起的是一個中介的作用。這種人文思潮和人類中心主義的人文思潮有很大不同。這是一點。另外一點，從社會組織的本身來看，我認為它是一個悖論，但這個悖論非常有生命力。這就是：一個人一定是具體的活生生的人，他在複雜的關係網絡中間來呈現自己。但複雜的關係網絡，每一個關節都可能成為禁忌。就看你實現怎樣的轉化，如何把限制轉化成資源，作為自我發展的可能。這個悖論面對現代社會的全球化和地方化同時進行。

劉夢溪：剛才講的這個問題，是肯定中國傳統的思想資源非常豐富，主要在於如何轉化為現代社會的有用財富。

杜維明：而且傳統資源有合理性，是在人人日用之間摸索出來的，甚至可以成為培養民主生活的一些價值。

劉夢溪：中國傳統資源中有沒有民主的元素是一個問題，但自由的價值肯定是有的，而且有自己的傳統。

杜維明：有很多自由的概念。本來一些歷史時期受到了各種外力的限制，但這中間仍然有獨立性的發揮，還是可以轉化。這種情況涉及到族群之間的衝突、性別的衝突、地域的衝突，要解決這些問題需要有新的理念來面對。你怎樣跟各種不同的民族和平共存，假如說中華民族是一個長期跟各種不同民族有融合經驗的民族，那麼融合的雙方都會發生變化。所謂同化我認為是雙軌的。如果說漢人把滿洲人同化了，漢人本身也變了。你看中國的文化精英，滿洲人不少，特別是語言學方面，像啟功先生。這和當時滿洲人入關，以一個強勢的外力來控制中國文化的情況，已經發生轉化。

劉夢溪：但這個問題比較複雜，涉及到清代的歷史作用的評價

問題。

杜維明：當然，很麻煩。

劉夢溪：比如有一件事情很值得注意，這是我經常思考的問題。清代在道光以後情況越來越壞了，咸豐、同治年間仍然很不好。可是在咸同年間出了一個特異的現象，就是以曾國藩為首的一大批封疆大吏，所謂「中興諸將」，包括胡林翼、左宗棠、李鴻章、郭嵩燾，以及陳寶箴，一大批。這些人物的文化累積、知識建構、吏治才能，整個的氣象和風範，都是歷史上不容易找到的群體。

杜維明：對，這裏邊有一個強烈的文化抱負。

劉夢溪：不管這些人的功過是非，他們其實都犯了很多錯誤，他們並沒有使清代的命運得以挽救，因為他們終歸不能挽救歷史。史華慈講到「歷史時刻」這個概念，正是在太平天國那個特殊的「歷史時刻」，他們各種角色都出現了。這些人作為歷史人物，他們的風範和精神氣象，可以說達到了一個極致。包括李鴻章，當然他甲午戰爭有錯誤，但辦洋務有功，終其一生，他還是一個愛國者。包括陳寅恪的祖父陳寶箴和父親陳三

立，都是中國歷史上絕無僅有的人物。對這些人怎麼解釋？只能從中國文化上來解釋。要往前比，只能和明末清初相比，當時滿洲入關，甲申之後，乙酉南下，剃髮易服，實際上是中國文化的大崩塌。當然也表現了精彩。當清兵南下的時候，每到一城，都遇到頑強的抵抗，明代的城守敵不過，很多都全家自殺，悲壯已極。清兵遇到的抵抗是原來想不到的，一直到南京周邊，還有史可法守揚州，最後是鄭成功的反清活動。如此精彩的瞬間，那是中華文化在起作用。可是清代一個大壞處是把文化的種性滅掉了很多，特別到康、雍、乾時期，文化統制的嚴酷，並世無二。

杜維明：但是從另外的角度說，滿清他們自己本身也經歷了漢化的過程。

劉夢溪：是的，滿人的漢化是比較自覺的，康熙、雍正都特別強調，應該不分民族，滿漢一家，而且它以中華文化的正統承繼者的身份自居，從順治到康熙、雍正、乾隆，都是這樣。但也有宣傳的成分，在官員的任用上，常常重滿輕漢，乾隆時期督撫中不准有漢人。

杜維明：這使得知識份子沒有辦法發揮他的積極作用。

劉夢溪：清朝對知識份子是兩手，一手是鎮壓，另一手是懷柔，舉博學宏詞，開四庫館，企圖把高端人才都籠絡在自己手中。研究乾嘉學派，如果不聯繫當時的時代環境，會感到莫明所以。

杜維明：不得了。

劉夢溪：乾嘉時期的學術，固然是學者的興趣所致，但未嘗不可以看作是知識份子的政治避難所。我甚至覺得當時有了一點現代學術的萌芽，主要是學術的獨立性有所表現，他們慢慢地忘了學術以外的目標，把知識的對象當作了學術的目的。所以清代學術總成績確實可觀，但同時對文化也有破壞性的一面。咸同年間一大批封疆大吏的出現，實際上與乾嘉學術的影響不無一定關係。

杜維明：現在看大概又是一個歷史的時機，又一個所謂的moment，歷史時機。

劉夢溪：可是現在缺人物，兩岸三地都如此。你講文化信息，累積到一個具體人物的身上，需要一個長過程。文化斷層肯定會造成人物的斷檔。大陸這邊是「文革」斷裂，文化信息和文

化累積薄弱，臺灣那邊的經濟起飛得早，但現在進入泛政治時代。中華民族的再生過程，其實是文化重建的過程，但現在有它的問題。

杜維明：現在不做累積，下一代人還是非做不可，那就更艱難了。這涉及整個知識份子的命運問題。但是我認為現在的機會很好，當然還有其他燃眉之急的大問題，比如民主化問題、人口問題、環保問題等等。但現在慢慢有了一種新的共識：不能把西方人類中心主義的啟蒙心態作為我們的出發點，而是有了重建儒家人文精神價值的可能，這種人文精神能夠和西方的發展形成一種配合。

劉夢溪：很有可能是互相詮釋，相輔相成。

杜維明：很有可能相輔相成。這個配合一定是非常有趣的過程。

劉夢溪：比如環保和人權。

杜維明：環保、人權和社會的解體問題。從康、梁開始，經過了整整一百年，你說是解構的過程，的確是解構的過程。

劉夢溪：也在重構。

杜維明：重構的工作尤其需要文化資源的累積。

劉夢溪：這個過程很漫長。

杜維明：但它的承繼性是非常強的。平常說要經過三代人，才能成為傳統，現在看要經過好幾代人。我們還不能只看中國，還要看韓國，還要看日本，還要看越南，現在出來一些新的契機。

劉夢溪：知識份子的文化反省意識比任何時候都強，這應該是契機。

杜維明：就是群體的自我批判意識，它不是一廂情願的去接受，而是強烈的現實感導引出來的批判意識。

劉夢溪：但是有一個問題，這種反省的自覺性雖然在增強，但反省的能力、資源的累積，還是相當不夠。

杜維明：我感覺如果氣順的話，就可以有不同的人才、人物出

現。但不是「中國可以說不」這種程度的東西，而且真正能夠傳遞民族再生的文化信息。這個我認為可以用一個名詞，西方也在討論，就是公眾知識份子。應該多元多樣，不是只在學術界和文化界。

劉夢溪：企業界很厲害，企業精英有點這個意思。

杜維明：我認為有幾個領域：一個是學術界，但學術界為數不一定很多；第二是媒體，媒體在西方極具影響力。

劉夢溪：但國內還看不出來。

杜維明：要看情況。媒體不僅是報章雜誌，電視、互聯網都包括在內，甚至包括流行歌曲。再就是企業界，還有政界，以及各種不同的社會職業團體。活躍在這些領域的大都是年輕人，他們的發展前景不容低估。

劉夢溪：可能跟經濟狀況有關，企業界有一些精英視野相當開闊。

杜維明：而且有氣魄。

劉夢溪：這幾部分人反映了中國中產階級的早期狀況，將來中國中產階級的形成，就是這些人出場。

杜維明：這個過程可快可慢，但現在從事學術研究的人，從事文化事業的人，不管身處哪一個領域，儲備資源和培養人才，應該是最重要的。我說的「文化中國」的第三個意義世界，包括史華慈這些人，也會參與這些工作並做出貢獻。

劉夢溪：不過像史華慈這樣的人，即使在西方也是很少的。

杜維明：很少很少。

劉夢溪：他的立場既不是中國的也不是美國的，他面對整個人類講話。

杜維明：對，他是一個文明的立場，而且對美國現況，他憂心如焚。

劉夢溪：是的，我知道他講過的一句話，聽說在他七十五歲生日的時候，他說有人愛中國，有人恨中國，他是尊重中國。我說我非常欣賞這句話，他笑了，他說：「我也愛中國。」他

說現在的美國他不太喜歡,他說你看克林頓的「鬼樣子」(大笑)。「鬼樣子」英文怎麼講?

杜維明:鬼樣子?

劉夢溪:這是林同奇先生翻譯的,可能翻譯得比較好。

杜維明:積累本身是一個相當複雜的過程。我覺得燕京社的好處,如果說它從 1928 年開始,它好像不很急迫,積累的過程很慢,但目標集中,不管別人如何,它一直這樣做。

哈佛的中國研究展望

劉夢溪:哈佛這裏跟中國有關係的單位很多,費正清中心,新成立的亞洲中心,東亞系,甚至包括歷史系、哲學系,關注中國的一流人物我知道是很多的。我想知道這些單位之間他們的互動情況如何。

杜維明:哈佛是一個很有趣的環境,它以教授為中心,不是以學院,不是以系,也不是以大學為中心,而是以教授為中心。以前在費正清和賴世和的時候,東亞研究這一塊在哈佛是被邊

緣化的。我來到這裏，到 1981 年，情況差不多還是如此。可是最近二十年出現了非常大的變化。變化之一，現在大學生中間可能有百分之五十以上要選跟東亞有關的課程。

劉夢溪：是不是包括您的儒學倫理的課？聽說您的課創造了哈佛公共課聽講人數最多的紀錄。

杜維明：那不會。

劉夢溪：有五百人嗎？

杜維明：沒有，沒有。我以前最高的話，不過四百人，現在三百多人，這只是很多很多課程中間的一課。因為有些課，有好幾百人，以前到過上千人。例如講「文化大革命」，以及其他很多課，學生的涵蓋面比較大。另外哈佛的中文部，就是中國中心，我覺得他們是在美國為中國文化創業，做出了真正積極的貢獻。平常一般看不出來，以為不過是教漢語的中國老師。他們傳播的不只是語言，他們其實是一字一句地教中國文化。現在哈佛已經有了差不多五百個學生，已經超出德文了，只是比法文和西班牙要少一些。哈佛的亞裔只是百分之十七八，和 Berkeley 的亞裔到了百分之四十三，完全不同。但 Berkeley 的亞裔，Berkeley 的學生中間，真正能夠聽或者選關於東亞課和中國課的人，還是非常少。大半的亞裔都是所謂職業

訓練，基本上他的興趣不在這兒。哈佛這個情況我覺得是新情況，所以東亞研究已經成為學校教課方面的重要組成部分。

劉夢溪：學校當局怎樣看這種情況？

杜維明：學校當局也是充分承認，所以我們橫向地溝通，現在是最好的時候。以前燕京社和費正清中心有一些矛盾，傳統研究和現代研究好像是分道揚鑣，社會科學研究和人文學科的研究沒有溝通，中國研究和日本研究也有矛盾。現在這些張力還都在，但是大家談論溝通的情況很頻繁。像我做的研究，應該說是傳統研究吧，但我對現代轉化的問題有興趣。你說完全是人文學吧，可是我對社會科學碰到的議題同樣有興趣。你說完全是關於中國的吧，那我對東亞包括韓國、日本、越南的問題也有興趣。這類例子現在比較多。所以現在是一個好的現象。其他的大學最近因為經濟等各方面的原因，發展的態勢有一點弱，相形之下哈佛的情況變得有一點突出。但並不一直如此。以前有一度哈佛在全國評比連第八名都上不了。美國這個社會競爭力太強了，東亞研究這一塊經過十幾二十年大家共同努力，達到現在這種情況。假使我們不維持，後繼無人，我們的狀況還會下去。

　　另外從全世界範圍看哈佛，以前費正清的時候，中國大陸

的動力沒有起來，所以雖然在哈佛沒有很大的影響力，在世界上卻有很大的影響。現在在哈佛雖然有很大的影響力，但從整個中國文化研究方面講，我們只能掌握很少一部分，只能維持它的精英水準。很大的一部分只有向其他地方學習。將來一定是這樣，就是中國文化研究的重心，差不多都在中國，由中國的大學精英來從事，我們可以從不同的角度配合。因為日本研究的中心在日本，中國研究的中心一度不在中國，這是個不正常的情況。現在改變了，而且改變得相當快。當然還有許多限制。因為這個原因，所以我覺得康橋這個地方，我們還希望發揮作用。具體地說，就是為廣義的「文化中國」的精神資源多作儲備，價值領域多開發。通過訪問學人和其他的計劃，能夠使人文學這個領域，在商業大潮造成的學術研究滑坡的過程中間，不完全被邊緣化。如果幾個重要的精英大學，大家都有一個隊伍，一方面有國際視野，另外又有深刻的地方知識，而且保持學術研究的興趣和教學的責任，不能說一定會把任務完成好，至少我們覺得這是值得進一步努力的工作。

劉夢溪：可以說是用心良苦。謝謝您講得這樣深透，我對哈佛的中國研究這一塊知道的更全面了。謝謝。

杜維明：謝謝。

後記

　　我的《學術訪談錄》行將付梓，再次向接受訪談的諸位賢達碩學表示謝意和敬意。也向樂於出版此書的中華書局表示感謝。1999 年 3 月我在哈佛的訪學日程結束之後，又應王德威教授的邀請，在哥倫比亞大學訪學一周，先後與哥大的宋史專家韓名士、亞洲研究所所長曾小萍、民國史教授錢曾瑗、東亞系主任王德威、人類學家司徒安、德籍漢學家馬丁·科恩、東亞系商偉教授和吳百益教授、執美國中國學牛耳的狄百瑞教授，以及中國通黎安友、哥大圖書館館長等，作了短暫的訪談。不過終因時間匆迫，只能粗略了解對方的研究領域和關注的問題，除了狄百瑞和王德威外，均未能就學理層面作深入探究。但我要感謝王德威先生的盛情雅意，並向給予我諸多幫助的商偉和王海龍兩位學人致謝。

　　哈佛訪學的最後一個月，準確地說是二十幾天，才開始計劃中的訪談對話。觀下列 1999 年 2 月 2 日至 27 日的日程安排，可知當時工作情形的一斑。

　　2 月 2 日，費正清東亞研究中心主任傅高義教授第一次訪談。

　　2月7日，燕京圖書館作家張鳳女士約請出席康橋「藝文小集」。

　　2月8日，出席杜維明先生主持的「儒學和自由主義對話」。

　　2月9日，史華慈教授第一次訪談。

　　2月10日，周勤博士約教授俱樂部餐敘。

　　2月11日中午，燕京圖書館鄭炯明館長餐敘訪談。

　　2月11日下午，杜維明先生訪談。

　　2月12日，杜維明先生家燕京學社春節派對。

　　2月13日，女作家木令耆陪同參觀波士頓藝術館畫展並遊覽華盛頓起義遺跡。

　　2月13日下午6時，晤李歐梵教授。

　　2月13日夜晚，參加杜維明先生家庭派對。

　　2月15日下午，看望張光直先生。

　　2月15日晚上，商學院訪問學人鄭黎女士等約春節餐敘。

　　2月17日上午，包弼德教授訪談。

　　2月18日，傅高義教授第二次訪談。

　　2月22日上午，史華慈教授第二次訪談。

　　2月22日下午，柯文教授訪談。

　　2月25日下午，應邀在燕京學社作學術演講。

　　2月25日晚上，主持「十年機緣」學術研討會。

　　2月26日上午，準備與亨廷頓教授訪談對話。

2 月 26 日晚上，應邀擔任「康橋新語」主講。

2 月 27 日晚上，看望張光直先生並辭行。

　　而在哥倫比亞大學，第一天就訪談三人。六天訪十一人，中間還抽出一天去普林斯頓大學拜望余英時先生。因此回國之後病倒，也許是事出有因，不足為怪了。

　　本書對余英時、金耀基、陳方正三位先生的訪談，以及對杜維明先生的第一次訪談，都是我現場筆錄，然後再整理寫成文稿。此法甚笨，無異於寫作一篇學術論文。對史華慈和傅高義先生的訪談，哈佛燕京配備了錄音機，林同奇先生根據錄音整理並漢譯了史華慈的訪談初稿，謹再次申謝。對狄百瑞、傅高義的訪談和對杜維明的第二次訪談，則是我們中國文化研究所的胡振宇先生整理的錄音，然後我再參照筆記寫作成文。因此向振宇先生付出的辛勞表示感謝。另外我在寫作《經典會讀與文明對話 —— 狄百瑞教授訪談錄》的文稿時，梁治平先生曾以自己翻譯的《亞洲價值與人權：一個儒家社群主義視角》的中文章節提要見示，並對訪談稿中涉及「權利 right」和「義 rightness」以及「禮」等中西語義的用法，提供不少幫助，在此亦向治平先生致以謝忱。

　　　　　　　　寫於 2007 年 3 月 3 日晚 11 時 50 分再過
　　　　　　　　10 分種就交丁亥年的元宵節了特為之記

香港版跋語

本書初版由北京中華書局印行，距今已經十年了。中間不乏出版機構找我商談再版事宜，中華也一直有重印的計劃。主要是我一時騰不出手來，來不及對初版重新作一次系統校訂。等到我想重印了，又因余英時先生的名字遭遇朦朧的禁忌，欲再版者變成唯唯否否。一位從事出版的業者向我建議，索性刪去訪談余先生這篇，應該就沒有障礙了。此議固然。但在我無論如何不能接受。遙憶清光緒九年，也就是 1883 年，陳寅恪的祖父陳寶箴任浙江臬司不到四個月，就因王樹汶案蒙冤去職。陳寶箴的態度是：「一官去耳，輕如鴻毛。」至於一書的出與不出，對一個學者而言，簡直等於無，豈能因一書而忘情忘義哉。實際上，如果沒有 1992 年我與余英時先生的對坐忘年，後來的那些訪談對話，就無從說起。

世間事，語默動靜無非緣法。有一次哈佛大學的傅高義教授過京，生活‧讀書‧新知三聯書店前總編輯李昕先生聽說我與傅有故人之情，便安排了一次小聚。席間我將《訪談錄》一書持呈給傅，他是我的最重要的對話人之一。同時也送給李昕先生一冊。李先生看後，立即說此書應該重印。於是此書便輾轉到了香港三聯書店。中國的體制真是特而不凡，北方不亮南

方亮，此地辦不成的事情，易地南移，還真的辦成了。不僅辦成了，而且再過幾個月，就要付梓了。我該向香港的讀者說些什麼悄悄話呢？書中兩位與我對話的主人公，金耀基先生、陳方正先生，他們就佈道耕耘於斯。我想他們會喜歡港版書的風格。余英時先生從大陸出來，首站就是香港，且曾獲任新亞書院院長。此地比較重大的學術活動，我的許多訪談對象都應邀前來扮演過舉足輕重的角色。據我所知，他們都喜歡香港。

　　我第一次來香港是在 1992 年，記憶猶新。當時還沒有回歸。結識金耀基先生就是在那一次。我寫過一篇文章，發表在潘耀明先生主編的《明報月刊》上，題目叫《初讀香港》。這裏不妨摘錄幾段，以明我的香港觀。其中一段寫道：

> 　　這是另一個中國，一個社會未被破壞的中國。近百年來中國戰亂頻仍，運動不斷，要麼和別人鬥，要麼和自己鬥，總之沒有消閒過。亂鬥的結果，文化破壞了，社會解體了，這是最難醫治的創傷。香港雖然不能完全逃離這種內鬥外鬥的影響，但社會卻保持了完形，文化也未遭到根本的破壞，這是香港的真正的優勢。文化一詞，人們耳熟能詳，說得口滑，但文化以社會作為自己的依託物，社會不存，文化安在哉？

文章的另一段寫道：

　　香港是不平等條約的犧牲品，是大英帝國強佔的中國領土，是中國的南大門，是連接中國和世界的橋樑，是臨時的政治飛地，是繁榮的東方通都大邑，是世界金融與貿易的中心，1997 年以後是一國兩制的實驗場。但比所有這一切都重要的應該是：香港是中國人的驕傲！她向世界表明，在社會不被破壞的情況下，中國人能創造怎樣的現代經濟與文明的奇跡。沒有深圳經濟特區，談不上 20 世紀 80 年代的中國經濟改革；而沒有香港，便不會有深圳經濟特區，也不會有一國兩制的思路。香港的地位，香港人自己最明了。五十年不變，如果是歷史的思考，何必如此咨咨？我相信是舉成數。甚或如《周易》所示，五十乃大衍之數，麗象繁垂，時空變幻，盡在其中。（載香港《明報月刊》1993 年第 3 期）

　　我說這些話的背景，至今已過去二十有五年，整整四分之一世紀。後來又多次去過香港，既見證了各盡其職的安寧，也看到了哀愁與紛擾。我的《學術訪談錄》在這個時候南移覓知音，簡直是不識時務。不過與我對話的諸位碩學，可不是等閒人物，更不是一時的人物，而是直到現在仍不減影響力的人物。他們的思想，是一生思理學問的結晶，今天重新驗看，仍然感到新鮮。《21 世紀經濟報導》的編者，就是因為看到我與金耀基先生的對話，雖然已是十年之後，還是感到新鮮得如同

即時所寫。因此毫不猶豫，立即在報紙上以多版的篇幅全文刊登。其實訪談金先生的這篇文字，我的手寫筆記回北京後竟然失蹤，撰寫時用的是內子的極簡略的記錄，以及我的盡可能的記憶，所以遺漏舛誤多多。書中的這篇定稿，是經過耀基先生全文修改補充的文稿。此點是必須再次向讀者交代的。這就是何以此篇文字顯得格外系統完整的緣由。

訪談對話，非學術之堂奧，就寫作而言，亦小術也。可是它們在我的學術經歷中所佔的位置，卻有不可輕看的意涵。本書序言寫道：「所收之與余英時、與史華慈、與金耀基、與杜維明、與傅高義、與狄百瑞、與陳方正諸先生的訪談，無異於躬逢思想的饗會，真是非經過者不知也。史華慈的深邃沉醉，余英時的真切洞明，金耀基的博雅激越，杜維明的理性低徊，傅高義的親切闊朗，狄百瑞的陳義獨斷，陳方正的科學思維，都無法淡化的留在我的心裏。」而陳方正離開中文大學中國文化研究所所長的位置，學術天地豁然大開，文思泉湧，每年都有新作。特別是北京的生活・讀書・新知三聯書店 2009 年出版的他的《繼承與叛逆：現代科學為何出現於西方》一書，成為人文學界口耳相傳的大著述。本人主編的《中國文化》雜誌，近年連續多期有方正先生的文字，為拙編大光篇幅。

因此本書的出版，協同書中的這些泰山北斗再次降臨香港，應不止是寂寞學林的一道小風景。《論語・憲問》記孔子之言曰：「作者七人矣。」然則本書的真正作者，應該是余英

時、史華慈、傅高義、金耀基、杜維明、狄百瑞、陳方正「七人」，我只是他們思想的追尋者和記錄者。雖然我也是這些訪談的設計者。如果不是當時，移在今天，相信他們和我本人都不具有如此傾心長談的興趣。也許連如此傾談的精神和體力，我和他們都同樣地不具備了。史華慈教授已經作古。余英時先生已是望九之年。

本來還有兩位於我也是亦師亦友的學問大家 —— 張光直先生和李亦園先生，也該留下和他們訪談的記錄。其實還有許倬雲先生，我們在南京曾談得彼此下淚。可惜這些都完全無此可能。許先生應該很難再離開匹茲堡了。2016 年 3 月 23 日，我赴臺出席兩岸文化論壇，期間前往南港中研院李先生家中看望他。他看上去還好，但思維障礙嚴重，能記住的往事寥寥無幾。反復說當年在福建，由於家境不好，才來到臺灣大學。當下的事，似乎已經很難進入他的記憶庫存了。

感謝李昕先生推薦本書在香港三聯書店出版，感謝責編李斌先生的辛勤勞作。諸家之小傳係及門黃彥偉博士整理編寫，在此一併致意。余英時先生的名字在此地可以不朦朧，也令我感到欣慰。眇予小書，但它充滿了榮光。

劉夢溪
2016 年 9 月 23 日跋於京城之束塾